中国机构投资者

第3辑

China Journal of Institutional Investor

Volume 3

主 编 林 树（南京大学会计学系）

东南大学出版社
SOUTHEAST UNIVERSITY PRESS
·南京·

图书在版编目(CIP)数据

中国机构投资者. 第3辑 / 林树主编. —南京：东南大学出版社，2022.11
ISBN 978-7-5641-9919-7

Ⅰ.①中… Ⅱ.①林… Ⅲ.①机构投资者—研究—中国 Ⅳ.①F832.51

中国版本图书馆CIP数据核字(2021)第280374号

中国机构投资者(第3辑)

主　　编：	林　树
出版发行：	东南大学出版社
社　　址：	南京市四牌楼2号　邮编：210096　电话：025-83793330
网　　址：	http://www.seupress.com
电子邮箱：	press@seupress.com
经　　销：	全国各地新华书店
印　　刷：	江苏凤凰数码印务有限公司
开　　本：	889mm×1230mm　1/16
印　　张：	8.75
字　　数：	140千字
版　　次：	2022年11月第1版
印　　次：	2022年11月第1次印刷
书　　号：	ISBN 978-7-5641-9919-7
定　　价：	50.00元

本社图书若有印装质量问题，请直接与营销部联系。电话(传真)：025-83791830

卷 首 语

就商学这一社会科学而言,理论与实践的脱节对于实务工作者和研究人员无疑都是巨大的损失。于实务工作人员而言,缺少对前沿理论的了解容易导致"当局者迷",因庞杂的具体事务干扰而难以抽象出经济现象的本质,或受到固有经验的束缚而难以突破现有工作中的局限;于研究人员而言,脱离经济与商业现实的理论研究容易成为不切实际的"空中楼阁",偏离"商学研究服务于商业文明与实践"这一根本目标。

随着我国资本市场的建立与发展,作为专业投资人的机构投资者从无到有,日益壮大,相比于个人投资者,机构投资者资金实力雄厚,具有投资管理专业化、投资结构组合化及投资行为规范化等特点,对于提高证券市场定价效率与上市公司治理水平起到重要的积极作用。随着机构投资者的影响力不断提高,学术界对机构投资者的研究与讨论也越加充分,这对理论研究及商业实践都起到一定积极作用。然而,目前国内的财务金融类学术研究更多停留在"学术象牙塔"里,少见学术研究者与实务工作者之间的职业转换,学术界与实务界之间交流、融合尚不够密切,存在一定程度的"隔阂"。

《中国机构投资者》(China Journal of Institutional Investor,CJII)致力于搭建财务金融与资本市场类(特别是以资本市场机构投资者为对象)学术研究与实务工作的桥梁与平台,既介绍学术研究中的前沿理论与研究成果,也反映实务工作中的问题与发现,以期促进实务界与学术界互通有无,更好地促进关于中国机构投资者乃至资本市场的理论与实践发展。

《中国机构投资者》第 3 辑中,我们特别邀请到五位资深学者与专家来分享他们的研究。他们分别是:

卢闯，中央财经大学会计学院教授，博士生导师，财政部PPP专家和教育部经费监管中心工作专家，主要研究领域为资本市场、公司财务、管理会计等。

罗婷，清华大学经济管理学院会计系副教授，会计系副主任，主要研究领域为会计信息、资本市场、激励合同等。

罗妍，复旦大学管理学院财务金融系教授、博士生导师，主要研究行为金融、公司财务、资产定价等。

于李胜，厦门大学管理学院会计系教授、博士生导师，曾任会计系副主任，现任管理学院副院长，中国会计学会财务成本分会副会长，上海海关学院客座教授，兼任两岸和平发展协调创新中心教授，主要研究领域为资本市场中的信息披露问题、管理控制系统等。

杨学伟，南京大学工程管理学院教授，博士生导师，金融工程研究中心副主任，主要研究兴趣包括金融衍生品创新与监管、行为金融、金融科技与大数据挖掘、信用（违约）风险定价与管理等。

相信读者一定能从本期五位教授的文章中获得启发。

《中国机构投资者》(CJII)欢迎中国资本市场的研究者与实践者等各界人士分享自己的研究、见解与经验。

赐稿邮箱：cjii2019@163.com

微信公众号：机构投资者

林　树

南京大学会计学系　教授

2022年6月

目 录

浅谈中国式高收益债投资 …………………………………… 卢闯 等 / 1

资产证券化研究综述 ………………………………………… 罗婷 等 / 15

ESG 研究综述：驱动力、收益与风险 ……………………………… 罗妍 / 46

盈余公告漂移研究综述与现状 ……………………………… 于李胜 等 / 60

复杂金融衍生品创新——从隐藏风险到迎合投资者偏好 …… 杨学伟 / 88

"中国证券分析师排行榜"2020 年度榜单解读 …………… 葛逸云 等 / 114

2021 年度中国基金公司整体投资回报能力排名解读 ………… 王湛鑫 / 126

浅谈中国式高收益债投资

卢 闯 王 璨 张明媚

卢闯：中央财经大学会计学院教授，博士生导师，中央财经大学固定收益研究中心主任，财政部全国会计领军人才（学术类），财政部PPP专家、教育部经费监管中心工作专家和多家上市公司独立董事。主持多项国家社会基金重点项目、面上项目和青年项目等，在《会计研究》《南开管理评论》《管理世界》《中国软科学》等杂志发表论文数十篇。作品曾获第四届全国"百篇优秀管理案例"、全国MPAcc优秀教学案例、2017年度十大经管好书（财资中国杂志社）和机械工业出版社2017年最佳图书奖等奖励。王璨：五矿证券固定收益事业部交易员。张明媚：中央财经大学会计学院博士生。

摘要： 国际上高收益债市场发展已较为成熟，反观中国情景下高收益债券发展态势尚不明朗、体系建设尚不健全。本文就中国式高收益债投资的诞生渊源与市场发展状况、存在的必要性以及未来发展瓶颈展开讨论，提出了高收益债在有效定价、风险预警、资产管理、风险化解、信用重生、一级市场风险定价等六个方面的重要价值，并指出高收益债所存在的信用评级虚高以及违约债券交易问题。

关键词： 高收益债；发展瓶颈；信用评级

一、高收益债投资

(一) 什么是高收益债

国际市场上,高收益债来源主要包括四类:明日之星、坠落天使、杠杆收购和新兴市场国家的企业。在国际市场上,高收益债券一般被定义为评级为投资级以下(BBB-、Baa3以下)的高信用风险债券,同时又被称为投机级债券或垃圾债券。美国是高收益债券的发源地,其高收益债券市场也是目前国际上最成熟、规模最大的高收益债券市场。截至目前,美国高收益债市场存量规模超过2万亿美元,占美国公司债市场规模约20%。

国内高收益债市场起步较晚,萌芽于2011年的四川高速无偿划转股权、云南路投向债权银行发函、上海申虹要求延长还款期这类个别事件。市场上的首单违约发生于2014年3月,"11超日债"正式宣告违约,打破国内债券刚兑历史。随后,在2015年至2017年的3年时间共有117只债券违约,涉及券面总金额826.55亿元,违约品种由公司债蔓延至中票、短融等协会品种,但高收益债市场整体规模依然较小。该市场真正活跃起来是在2018年,全年共有125只债券违约,涉及金额1 200余亿元,超过前3年的总和。

目前国内尚无标准定义的高收益债市场,如果按照中债估值收益率10%以上统计,当前债券市场高收益债存量5 700余亿元,二级实际成交价格在10%以上的存量信用债估计在3万亿元以上。

(二) 高收益债基本特征及情况

1. 高风险、高收益

发行主体所涉债券沦为高收益债券的企业往往在信用层面存在瑕疵,抑或是再融资面临压力,抑或所处行业处于下行区间,抑或本身经营、财务陷入困境。由于投资者不确定他们是否能够偿还本金并定期获得利息,对于投资者而言,高收益债投资时需要评估发行主体的信用风险,该信用风险主要分为违约风险和估值风险,其中违约风险包含两个维度,一方面是投资的安全性,另一方面是发生损失后的回收情况。估值风险同样涉及两个层面,特别是对于资管型机构尤其需要考虑,一是评级变动或信用资质变化导致的估值波动,二是市场情绪变化带来的流动性溢价提升。

2. 国内高收益债券市场的参与者

(1) 买方机构特点

从机构规模来看,国内债券投资者多以国有大型机构为主,机构内部面临合规、风控等多方面压力,很难参与高收益债的投资。因此,高收益债的买方以管理机制灵活的中小型机构为主。

从机构类型来看,高收益债流动性差、回收期存在不确定性,很难与公募资管产品的负债端匹配,因此参与高收益债的资管产品多以私募为主。此外,券商自营由于负债端稳定,能够承担一定波动,因此也是重要的参与力量。未来,随着金融市场的逐步开放,海外机构也将逐步加入进来。

从交易行为上看,以中小型机构为主的特点,导致单笔高收益债成交量不会很大,高收益买盘呈现散量的特征。

(2) 卖方机构特点

高收益债的卖方以风险偏好较低的大中型机构为主。其中,资管产品出于对流动性风险、声誉风险、合规风险的担忧,是卖出的主力。特别是类似公募基金,对于其持仓明细需要披露的机构来说,一旦债券出现违约或严重负面情形,为避免后续舆论压力,有时会不计成本地甩卖。前面所提的高收益债买方,出于自身策略的考虑,也会在一定情况下卖出债券。大中型机构的特点是风控、委托人对买卖行为的影响很大,而风控、委托人往往由评级下调、违约事件等触发,从而在短时间内形成大量卖盘。

(3) 中介机构

货币经纪公司是指在金融市场上,通过电子及声讯手段,为金融产品交易提供信息,促成交易达成,并从中收取佣金的专业性中介机构。货币经纪公司与其他的金融机构不同,它在金融市场中扮演着交易中介的角色,不直接参与交易。

与高等级债券相比,高收益债具备流动性较弱,买卖信息相对不透明的特征。因此,交易行为本身对高收益债的投资具有显著影响,而货币中介作为信息传递的渠道,对市场的影响力更大。目前5家货币中介中,平安利顺国际货币经纪有限责任公司、上海国际货币经纪有限责任公司及上海国利货币经纪有限公司率先设立了专门的高收益债交易团队。未来随着高收益债市场的不断扩容,预计货币中介在此领域的投入将进一步加大。

然而,货币中介在信用研究、短期承接能力等方面存在明显不足,而券商、资管作为高收益债的重要参与力量,在研究和配置实力方面存在一定优势,因此该两类机构在高收益债市场中发挥着更为突出的作用。

机构专业化、策略多样化将是未来高收益债市场的主要发展趋势。随着市场规模的不断扩张,专业化的高收益债机构将逐步涌现。专业化机构凭借其研究实力、经验积累、负债匹配等方面的优势,竞争优势逐步增强,而专业化的中介机构,如律师事务所、会计师事务所、投行、资产评估机构,也都会相应发展。随着机构介入程度的提升,预计高收益债的投资策略也将分化,从买入持有到短期交易,从被动等待回收到主动介入企业重组管理,不同的机构将表现出差异化的选择。

(三)国内高收益债券市场概况及发展

1. 国内高收益债市场概况

(1)一级市场高收益债试点

2012年5月,沪、深交易所发布《中小企业私募债券业务试点办法》,初衷是破解中小企业的融资难题,这一试点办法的推出标志着中国版高收益债正式推出。该试点办法未对发行人净资产和盈利能力设置门槛要求,但由于私募债本身风险较高、流动性又比较差,再加上发行利率与信托和民间借贷相比并不占优势,导致对投资者的吸引力有限,私募债的销售难度较大,承销商被迫以自有资金包销的情况时有发生。而且投资者普遍认可有信用增级的私募债,一些缺乏担保的中小企业私募债,即使能够在交易所顺利备案也难以顺利发行。特别是2014年以来,私募债接连暴露违约风险,更加剧了投资者对这一品种的担忧,私募债销售更加困难。而与此同时,私募债的发行金额一般比较小,券商需要投入的时间和精力与一般债券相比并不会少很多,获得的承销费用却相差甚远,利润空间较小。种种因素叠加,私募债业务对于券商来说变得越来越"鸡肋"。

最终,在中小企业信用违约风险频现的背景下,券商与以往相比更加偏向于选择国有企业或具有国资背景的企业作为中小企业私募债发行主体,甚至有券商已经基本不碰民企发行的私募债,比如陷入"12金泰债"违约漩涡的浙商证券就被爆出"全面叫停民企私募债"的消息。而随着越来越多国有背景、城投性质的企业介入,私募债距离当初服务中小企业尤其是民营企业的初衷也渐行渐远。随着2015年1月证监会颁布《公司债券发行与交易管理办法》,紧接着沪、深两大交易所在2015年5月均颁布了《非公开发行公司债券业务管理暂行办法》,并废止了中小企业私募债券业务试点的相关文件。自此公司债扩容后,中小企业私募债逐渐退出发行市场。

此后,在一些特定领域,监管方面仍有"一级高收益债"的诸多尝试。2017年,证监会正式发布《中国证监会关于开展创新创业公司债券试点的指导意见》,双创债由此推出。双创债主要支持新三板挂牌公司发行公司债。2017年9月22日,全国股转公司与沪深交易所、中证登联合发布了《创新创业公司非公开发行可转换公司债券业务实施细则(试行)》,该细则规定了一些限制性条款,如可转换债券发行前,发行人股东人数不超过200人等。这类条款对一些创新企业发行可转债有明显的制约。2017年以来信用债违约、新三板企业风险事件频发等都对双创可转债有不利影响。从2016年10月首单双创公司债券发行以来,双创债的发行规模及数量仍然较小。

(2)二级市场高收益债的发展

国内高收益债市场起步较晚,萌芽于2011年的四川高速无偿划转股权,云南路投向债权银行发函,上海申虹要求延长还款期这类个别事件。市场上的首单违约发生于2014年3月"11超日债"正式宣告违约,打破国内债券刚兑历史。随后,在2015年至2017年的3年时间共有117只债券违约,涉及券面总金额826.55亿元,违约品种由公司债蔓延至中票、短融等协会品种,但高收益债市场整体规模依然较小。该市场真正活跃起来是在2018年,2018年全年共有125只债券违约,涉及金额1200余亿元,超过前3年的总和。

2. 二级市场高收益债发展演变的三个时代特征

总体上国内高收益债市场走过了两个具有明显特征的时代,并正在迈向下一个时代。

第一个时代的特征体现在以民企为代表的违约逐渐打破刚兑的市场环境。2018年供给侧改革及去杠杆政策逐渐在实体经济中显现作用,一些产能过剩或杠杆高的民企首先爆发流动性危机。由于融资环境不断收紧,依靠短债滚续发行进行再融资的民企无力维系极高的杠杆水平,导致一些内生造血能力不佳的民企首先出现违约并引发市场担忧,进而使得民企债券估值整体回调。

第二个时代的特征体现在违约事件逐渐从民企过渡至国企。一方面,由于缺少政府信用背书,民企最先出现了资金链断裂的情况,对此市场大部分机构采取了"民企一刀切"的策略,即将信用债投资转向国企。这样一来,国企在信用堆积和业绩竞争的双重推动作用下不断提高了公司的杠杆率。另一方面,迫于宏观经济为应对内外压力亟需"换挡",叠加疫情席卷全球,一些地方区域所谓的"僵尸"国企或承担较重社会责任的国企经营状况急速恶化。高杠杆率以及经营恶化致使个别有代表性的地方国企出现违约,进而导致信用风险通过一级市场向全国范围传染,最终多省净融资持续为负。由此,国企违约时代来临。

而目前,市场或许正在迈向第三个时代——房产债的灰犀牛时代。2021年8月,监管层出台"三道红线",并依据"三道红线"的触线情况将房企划分为

"红、橙、黄、绿"四档,以控制房企新增融资上限。2021年末,又出台银行房贷集中度管理新规,对房贷额度明确限制。去年蓝光、恒大等先后债务暴雷,尽管它们均属于个案,但经过几个月发酵后整个行业陷入"缺血"危局,市场各方始料未及。楼市在以往年份中具有"金九银十"的典型特征,而去年却惨遭"滑铁卢",当地政府出台"限跌令",围堵了房企通过降价跑量的销售策略缓释资金链的行为,随之销售下滑情况愈加严重,项目预售监管账户难以调拨,新力、花样年、当代等"绿档"房企相继爆雷,内房股集体上演"股债双杀"。2022年3月以来,伴随着正荣、龙光的"躺平"展期,境内地产债及中资美元债更是泥沙俱下,这头"灰犀牛"如何落下帷幕,还需后续揭晓。

(四)国外高收益债发展

1. 美国高收益市场概况

从发展脉络看,美国高收益债券市场可分为成长期(1977—1989年)、调整期(1990—1991年)、恢复期(1992—2001年)、成熟期(2002年至今),各期间发行规模和同比增速如图1所示。

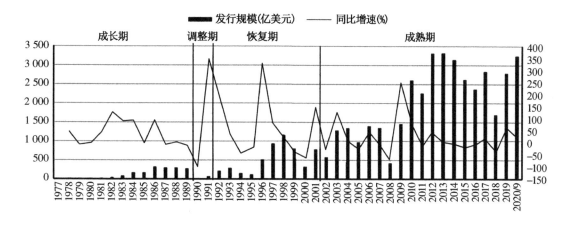

图1 美国高收益债券市场发行规模与同比增速

根据上图统计数据,2000年至2011年间美国高收益债券的年均发行规模约1 000亿美元,平均占公司债券发行规模约13%。2000年互联网泡沫的破裂,使得高收益市场一度低迷;2000年至2004年高收益债券发行量重回上升趋势,而后发行量逐步趋于稳定;2008年全球金融危机后,高收益债券发行量明显减少;2009年以来,受银行紧缩信贷和超宽松货币政策的双重驱动,高收益债发行量创历史新高约1 600亿美元。截至2020年11月底,美国高收益债市场存量规模约为2.23万亿美元,占美国公司债市场规模约20%。

美国高收益债券市场存在以下特点:从评级来看,约48%的高收益债信用评级在B-至B+区间,37%在BB-至BB+区间;从利率来看,70%的高收益债票面利率在7%以下,CCC+及以下信用利差超过600BP;从资金用途来看,使用较为灵活,金融危机后再融资成为主要资金用途;从发行期限来看,以中长期为主,一般在5年以上,债券含提前赎回权占比较高;从行业分布来看,发债主体行业具备多样性,能源、商业服务、医疗、电子等行业占比较高;从二级市场交易活跃度来看,高收益债换手率高于投资级债券。

2. 国际高收益债券定价

国际高收益债市场发展之所以蓬勃,与合理的定价体系密不可分。一般信用债定价多采用在利率债基准上加点的形式实现。而高收益债本身面临一定的兑付风险,足额偿付的不确定性较大,信用风险溢价过高难以正确拟合债券价值。鉴于此,对于高收益债的定价更应侧重于估算公司可回收价值能多大程度覆盖相关债务。换而言之,回收率是高收益债定价的基础。就标普、惠誉和穆迪的测算方法来看,测算回收率有其共性,亦有差异。相同的部分在于,如何确定企业价值,以此作为清偿基础。不同在于,是否基于大数据构建概率分布模型。具体测算过程如下:

(1)标普与惠誉体系下的测算方法论。回收率评级流程大致为:将在假定违约条件下评估的企业价值按债权求偿顺序进行分配测算,得到各债务的回收率→根据测算结果给出回收率评级和债项评级。而回收率评级的关键在于估算企业价值,估算方法有三类方法,分别是绝对估值、相对估值及资产评估。然后,根据企业经营情况(持续经营或者破产清算),对企业价值进行清偿分配,并测算各类债务的回收率。最后,给出债项的回收率评级。

(2)穆迪回收率评级确定,偏好测算概率分布。穆迪倾向于选择估算违约损失率,过程中以 LGD 模型为估算基础,变量则为企业违约回收率的概率分布和企业违约时刻负债结构。其中,穆迪利用违约回收率概率分布和违约的预期负债结构两个参数,推算预期违约损失率。在 LGD 模型中输入上述变量,便可计算得出不同类别债务的违约损失率。实践中,给出对应债券在公司的优先求偿权的位置后,计算各类情景下违约损失率的期望值。

不过,从海外经验来看,判断高收益债价值的先决条件有二,一是违约样本够大,可以设计经验模型,二是财务数据真实,以便估算企业价值。但由于市场环境、法规建制的差异,难以将海外回收率框架直接套用于我国高收益债测算。

3. 国际高收益债券违约与偿付

违约率波动主要和经济周期相关。历史上来看,从 20 世纪 80 年代至今,美元高收益债市场不同时期的平均违约率不到 5%。具体来看,本世纪初受互联网泡沫破灭影响,高收益债违约率上升到 8%;2004 年以来又趋于稳定。2009 年以来受全球金融危机影响,违约率略有上升。

从偿付率来看,即违约 30 天后债券价格与面值的比例,1982 年到 2008 年之间,违约高收益债平均偿付率 36.7%。

二、高收益债存在的必要性

(一) 有效定价

信用债一级发行环节存在股东背景评价、评级虚高的情况,而债券发行定价方面又受综合收益、结构化设计等因素影响,簿记的票面利率存在无法真实反映企业的信用水平状况。而当企业出现信用风险事件时,又容易出现卖盘在短时间集中抛售的现象,导致信用债二级交易价格超跌。基于此,高收益债市场在投资者、资金等方面的扩容有助于促进二级市场交易的达成,从而发挥市场交易功能,对信用债的一级发行和二级交易进行更有效、公允的定价。

（二）风险预警

目前我国评级市场上发行人付费模式仍占据绝对主导，另外发行人、中介机构在信息披露的及时性、全面性和准确性方面均表现出不足，造成本该由评级公司和第三方估值机构肩负的信用债风险预警功能缺失。从过往违约案例可以看出，目前我国债券市场利用外部评级作为主要投资标准存在区分度模糊、前瞻性弱的问题。而信用债二级价格的交易异动性以及成交量的密集型与交易的充分性往往被视为企业信用发生变化的综合表征，能够提前向市场和监管发出预警信号。以华晨汽车集团为例，自2020年4月起，华晨汽车集团相关债券的场内竞价已经出现净价80~90元，场外则出现净价80元以内较大幅度的折价。华晨汽车集团生产陷入停顿、债务发生逾期并成立债委会，直到2020年7月至8月，产生司法诉讼等相关核心信息才陆续暴露出来并被市场知晓。然而，东方金诚和大公国际在2020年6月末所出具的跟踪评级报告中仍然维持对华晨汽车集团AAA（稳定）的评级，外部评级的下调发生在9月底（主体评级分别下调至AA＋、AA）。2020年8月至10月华晨汽车集团相关债券的二级成交价格，从净价40~50元一路下跌至20~30元，交易活跃，成交不断放量。2020年10月23日华晨汽车集团债券实质违约。

（三）资产管理

截至2021年2月25日国内债市规模115.19万亿元，其中信用债存量规模为50.56万亿元（含11.33万亿元的同业存单）。国内基金总份额18.08万亿、基金资产净值20.79万亿元，其中股票型基金和混合型基金的资产净值占比为35.87%，其余主要为债券为底层资产的固定收益类产品。

固收类产品近期波动剧烈且受损严重。在债券刚兑和违约未大量爆发的情况下，传统固定收益类产品的收益率回报中枢在4%~6%，它可以为居民财富管理提供稳定向好的回报。然而，由于近几年债券违约频发、信用环境受损，固收类产品的净值加剧波动，致使居民在收益有限的同时承担亏损大额本金的风险。例如，2020年11月上旬，在河南永城煤电发生违约后，数十只债券型基金的净值在2周内下跌2%以上,跌幅最大的某中短债基达10%以上。高收益债为资产管理提供了弹性收益机遇。目前国内高收益债二级价格的收益回报区间宽广,从收益率10%以上至净值10元(若全额兑付收益率在1000%),丰富了资产管理的投资品种,有助于满足匹配不同风险偏好的资金投资需求和实现有弹性的收益回报。中国债市发行利率情况见图2。

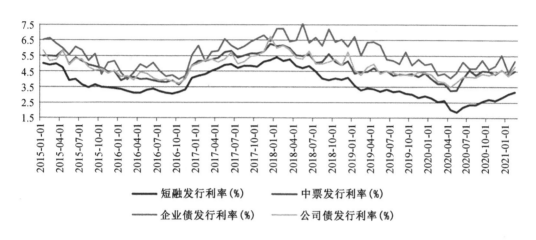

图2 中国债市发行利率

(四) 风险化解

目前高收益债的交投活跃集中在事件爆发前后的较短时期内,众多高收益债在触发停牌机制、违约后"无人问津",流动性丧失,呈现"有价无市"的尴尬境地。不断发展壮大的高收益债市场,有利于机构可以随时以相对合理和公允的价格卖出违约债券,有效地实现风险处理。

通过高收益债来活跃二级交易市场并实现持仓的充分换手,促使信用债的违约损失可以在不同风险偏好的机构和资金之间进行分散,从而避免了由于债券的断崖式下跌所引发的市场恐慌并减少个别机构承受过度损失,也有利于企业在债务风险化解时易于达成利益诉求的平衡。

高收益债市场的良好收益和健全的投资者保护机构能够吸引资金的不断进入,这部分资金不仅可以用于二级交易和投资以实现较好的资金回报,还可以深度介入企业债务重组,通过债权或股权形式为企业提供恢复生产经营的运营资金,承接和收购企业需剥离的相关资产,帮助企业回笼资金。因而,高收益债券市场中的这一活动能够帮助企业化解风险,成为信用风险出清和企业困境反转的重要力量。

(五)信用重生

在违约主体的信用风险事件爆发并妥善解决后,企业可以依赖健全的高收益债市场实现自身的信用重生。由于投资者的分层制度,企业信用恢复不仅依赖于二级市场隐性存在的高等级债券及高收益债券投资群体,还更加依赖于一级市场的相同分类群体。在发债主体的信用风险问题得到解决后,企业可以通过一级市场高收益债板块恢复其在资本市场的再融资,后续也可凭借其流动性以及企业经营状况好转来实现"转板",即从一级高收益板块回到优质债券板块,实现企业信用的重生。

(六)实现未来一级市场高收益债信用风险定价

国内目前高收益债市场主要集中于二级交易层面,随着金融去杠杆和供给侧改革的深化,很多发债主体尤其是民营企业逐渐退出了直接融资债券市场,未来的高收益债市场应在一级发行环节实现有效的突破和发展。首先,美国高收益债发展的历史经验表明,高收益债的出现成功孕育了很多当今著名企业,如华纳、联合航空、默多克新闻集团均在企业技术、商业模式等发展的特定阶段通过发行高收益债满足了企业成功必要的资金需求,高收益债有效地推动了这些企业的成功。其次,在一级市场上发行高收益债,一方面可以减少甚至消除信用等级较低的企业的不公开、不透明且对于市场定价有扰乱性的发行方式,如减少低信用等级企业结构化发行债券的行为。另一方面,可以借助其与信用风险相匹配的票面利率回报来吸引更多的投资资金,进而解决低评级企业,尤其是民营企业,在债券市场上面临"一刀切"而引发的融资难问题。目前,在一级市场上已有个别企业尝试一级发行票面利率突破10%。

三、高收益债发展瓶颈

(一)信用评级虚高问题

从主体评级来看,存量高收益债中AAA、AA+主体的规模占比分别为

16.3%和20.1%,评级中枢落在AA级,其规模占比达到54.4%,而低于AA级的主体规模占比仅为9.2%。

目前,评级机构竞争较为激烈,但市场痛点犹存。中诚信、联合、新世纪、大公、鹏元、东方金诚是国内传统的评级机构,采取发行人付费模式进行信用评级。中债资信是国内第一家采用投资人付费运营模式的评级机构,中债资信为交易商协会会员出资设立的评级公司,整体来看评级结果低于其他评级公司,但对评级主体覆盖的广度仍较为有限。近年获证监会批准的投资人付费的评级机构日渐增多,包含北京中北联、四川大普、上海资信及中证指数有限公司。此外,境外评级机构也逐渐参与到我国债券市场的评级中,2018年5月起,国际三大评级机构标普、穆迪、惠誉分别在华设立全资子公司,并于2019年初获得央行备案与交易商协会评级资格。整体来看,国内评级机构虽然竞争比较激烈但给出的债项评级整体偏高,并不满足近似的正态分布,无法有效地区分债券资质。

(二)违约债券交易问题

目前我国初步形成"全国银行间同业拆借中心——违约债券匿名拍卖业务""北京金融资产交易所——到期违约债券转让业务""沪深交易所市场——特定债券(违约债券)转让业务"三大模式的违约债券交易机制。从违约债券交易实践情况看,就已发生违约的692只债券而言,仅149只通过上述交易机制实现了违约债券交易,且单券普遍交易量较小、交投活跃度低,以沪深交易所市场为例,特定债券"区间成交量/债券余额"不足0.1倍。总体而言,目前我国违约债券市场容量较小,在促进违约债券处置进展、增强违约债券的风险定价等方面仍有较大提升空间。

参考文献

[1] Alexander G J, Edwards A K, Ferri M G. The determinants of trading volume of high-yield corporate bonds[J]. Journal of Financial Markets, 2000, 3(2): 177-204.

[2] Andres C, Betzer A, Limbach P. Underwriter reputation and the quality of

certification: Evidence from high-yield bonds[J]. Journal of Banking & Finance, 2014, 40: 97-115.

[3] Asquith P, Mullins Jr D W, Wolff E D. Original issue high yield bonds: Aging analyses of defaults, exchanges, and calls[J]. The Journal of Finance, 1989, 44(4): 923-952.

[4] Li H, McCarthy J, Pantalone C. High-yield versus investment-grade bonds: less risk and greater returns? [J]. Applied Financial Economics, 2014, 24(20): 1303-1312.

[5] 高峰,黄丽珍,李欢,等.风险与收益的博弈:解读中国式高收益债[J].金融市场研究,2016(3):66-74.

[6] 高莉,周知,刘巨松.高收益债市场发展的美国经验与中国路径[J].金融市场研究,2017(3):66-76.

[7] 杜浩然.KMV模型应用于我国高收益债投资的实证研究[D].上海:复旦大学,2014.

[8] 钟正生,姚世泽.美国信用债违约:历史与现状[J].金融市场研究,2020(4):35-41.

[9] 刘璐茜,陈冬旭.中国双创债与美国"明日之星"的比较研究[J].中国物价,2021(11):59-62.

[10] 罗航,罗莎.高收益债券的国际经验和评级技术借鉴[J].征信,2012,30(2):7-11.

[11] 邓海清,潘捷.中国版高收益债投资机会几何[J].债券,2014(9):69-72.

[12] 邱继成,张曒.高收益债投资迎来机遇[J].中国金融,2018(19):85-86.

[13] 鲍庆.中国高收益债市展望[J].投资北京,2012(4):54-57.

[14] 高远.高收益债投资策略浅析:择时篇[J].债券,2021(4):69-72.

资产证券化研究综述

罗 婷 张昱妍

> 罗婷：清华大学经济管理学院会计系副教授。研究领域包括管理层动机、信息披露、财务报告、经营战略等。主持和参加过多项国家自然科学基金、国家社会科学基金和省部级纵向研究课题。在 *The Accounting Review*，*Contemporary Accounting Research*，*Journal of Marketing*，*Journal of Accounting, Auditing & Finance* 等国际期刊和《金融研究》《南开管理评论》《中国会计评论》等国内期刊上发表过多篇论文。张昱妍：清华大学经济管理学院会计系博士研究生。

资产证券化是以基础资产所产生的现金流为偿付支持，通过结构化等方式进行信用增级，在此基础上发行资产支持证券的业务活动。作为还款支撑的基础资产，通常流动性较低，但能独立产生可预期的稳定现金流。发起人将基础资产出售给破产隔离的特殊目的载体（SPV），后者将同质化的基础资产打包重组成证券，经信用增级和评级机构信用评级后，通过承销商面向投资者发行。基础资产现金流交由资金保管机构管理，用于偿付资产支持证券本息。资产证券化在发起人和投资者间重新配置资产收益的期限与风险，发挥着融通资金、改善流动性、分散风险等功能。

资产证券化肇始于20世纪70年代的美国。自20世纪七八十年代起，资产证券化业务得到长足发展，衍生出MBS、ABS、CLO、CBO、ABCP等多种类型产品,并于2008年金融危机前达到顶峰。在次贷危机中,资产证券化遭遇沉重打击,美国证券化产品的发行规模由2007年的2万亿美元缩水至2008年的4 000亿美元(BCBS,2011)。资产证券化的重启在2010年的G20峰会上被提上议程,各国监管机构相继出台了审慎监管资产证券化的政策。例如,欧盟《资本要求指令II》、美国《多德-弗兰克法案》要求发起人留存至少5%的风险,以增强代理双方利益的协同;多国监管部门均增强了对资产证券化信息披露的要求,以提高产品的透明度;修订后的《巴塞尔协议III》,增加了证券化产品的风险权重,严格了对银行的资本金要求。

中国自20世纪90年代开始出现资产证券化的探索实践。2005年,《信贷资产证券化试点管理》和《金融机构信贷资产证券化试点监督管理办法》相继出台,开启中国资产证券化元年。经金融危机的短暂沉寂后,2012年,中国人民银行、中国银行业监督管理委员会、财政部联合发布《关于进一步扩大信贷资产证券化试点有关事项的通知》,明确风险自留、信用评级、资本计提、会计处理、信息披露等相关规定,标志着资产证券化的重启。同年,中国银行间市场交易商协会发布《银行间债券市场非金融业企业资产支持票据指引》,为银行间市场流通的企业资产支持票据做出引导。2014年,证监会出台《证券公司及基金管理公司子公司资产证券化业务管理规定》,对在交易所开展的资产证券化业务进行规范。此后,中国资产证券化迎来飞速发展。

伴随着资产证券化在实践领域的蓬勃发展,学术界亦从多元维度对其做出了丰富讨论。本文将从资产证券化的动机、存在的激励扭曲、交易结构设计、证券评级与定价、经济后果与影响这五个方面,对相关研究成果进行归纳概述。

1. 资产证券化动机

企业开展资产证券化活动主要出于两类动机:经济性动机与策略性动机。其中,经济性动机包括获取多元化融资、转移信贷风险,策略性动机包括监管套利、盈余管理、税务筹划。

获取低成本融资、改善流动性,是企业从事资产证券化最直接的驱动因素。Ayotte 和 Gaon(2011)对比了证券化融资与担保贷款的差异,认为所有权的转移使证券化资产免受发行人破产清算波及,因此证券化融资具有成本优势。作者利用 LTV 钢铁公司重组事件这一外生冲击,探究破产隔离对资产支持证券定价的影响。LTV 公司在通过 Chapter 11 重组时,向法庭申请收回证券化的应收账款和存货,并获得了法庭的支持,引发了市场投资者对资产证券化中破产隔离有效性的质疑。作者将从事资产证券化的公司分为两类——不适用于 Chapter 11 的受保储蓄机构,以及与 LTV 同样适用于 Chapter 11 的非储蓄机构,分别作为控制组和实验组,进行双重拆分回归。结果表明,LTV 事件后非储蓄机构发起的资产支持证券信用利差显著上升,进而从反面说明破产隔离的存在降低了证券化产品的定价,带来了更低的融资成本。Lemmon 等(2014)关注非金融企业信用评级对资产证券化活动的影响,发现资产证券化的发起主体集中于中间信用等级的公司。原因在于:高信用评级的公司破产成本低,不具备通过资产证券化降低融资成本的激励;低信用评级公司的债务人通常会设置禁止证券化的条款;而中等信用评级的公司尤其是近期出现信用降级的公司,囿于较高的资本成本,倾向于通过证券化获取低成本融资。Han 等(2015)用美国银行所在州小于 65 岁与大于 65 岁人口的比值衡量存款相对信贷的紧缺程度(理由是年轻人多贷款少储蓄),并发现所在州年轻人比重越高、存款相对信贷更稀缺,银行将住房贷款证券化的比例越高,佐证了用资产证券化改善流动性的动机。Irani 和 Meisenzahl(2017)发现对批发融资依赖程度高的银行,在短融市场遭遇冲击时,更多通过贷款出售缓解流动性紧缺状况,说明流动性管理构成资产证券化的重要动机。

资产证券化的另一重经济动机是转移信贷风险。通过将流动性差、回收周期长的资产置换为现金,发起人能够对外转移信用、流动性、利率、早偿、市场等风险(BCBS,2011)。出于风险管理的需求,信贷风险高的机构将更多进行资产证券化。James(1988)对 1984—1986 年间美国商业银行进行研究发现,风险高的银行——具体体现为更高的贷款损失率、更严重的资产与负债期限错配、更高的股票回报波动率，更多地出售所持贷款。Ghent 和 Valkanov（2016）以商业房地产抵押贷款（CMBS）为研究对象，发现决定将贷款留存表内还是通过证券化出售的关键因素在于贷款规模，说明银行从事 CMBS 活动的重要动因在于分散表内资产风险、减少对单一借款人的风险暴露。

在经济性动因之外，企业亦可能策略性地利用资产证券化交易结构的特征，规避监管约束，为自身谋利。一重被研究者广泛讨论的动机为监管套利。由于外部性的存在，银行的破产成本并不完全由自身承担，其收益最大化的风险水平通常高于社会合意水平。同时，存款保险等"安全网"类似于为银行股东提供了看跌期权，易诱发道德风险，使其从放大杠杆与风险中获利（Acharya 等，2013）。基于此，以《巴塞尔协议》为代表的监管条例为银行设定了严格的资本金限制，要求其权益资本与风险加权资产之比不得低于限定数值。资产证券化则为银行提供了规避监管的途径：一方面，证券化产品相较贷款具有更低的风险权重，降低了银行的资本金要求；另一方面，面对信息不对称成本，银行通过分层出售、隐性担保等手段，将风险很大程度上仍留存在内部。从而，资产证券化帮助银行在保留风险的同时，提升监管层面的资本充足率。这种运作被称为"监管套利"。

部分文献从银行特征出发，证明监管套利动机。James（1988）发现，资本充足率低的银行，更多从事证券化业务。Acharya 等（2013）发现银行考虑了不同担保方式的资本金要求，权益资本占比低的银行更多选择资本金要求低、但风险留存高的流动性担保，在充分承担证券风险的同时，绕开监管限制。Bens 和 Monahan（2008）以 2003 年 FASB 颁布第 46 号解释函"可变利益实体的合并"（FIN 46）为研究事件，对证券化动因进行反事实分析。在 FIN 46 新规下，商业资产支持票据（ABCP）的原始权益人由于通常提供流动性和违约担保，被视为可变利益实体的首要受益人，需对 ABCP 予以并表处理。作者发现 FIN 46 出台后，杠杆率被纳入资本充足率计算的北美地区银行显著减少了 ABCP

的发行,而杠杆率未受限的外国银行和非银机构的ABCP规模仍呈上升态势,进而说明通过资产出表实现监管套利为证券化活动的一重动机。

除了规避资本监管,企业也可能利用资产证券化中的"真实销售"进行盈余管理。在出售资产时,公允价值与账面价值的差额记为资产出售利得。公司可以通过优先选择升值幅度大的资产出售,扩大出售收益。也可能利用公允价值计量上的自由裁量权,直接操纵出售利得:证券化资产分为出售部分和公司留存部分,出售部分的公允价值由市场决定,留存部分通常不存在市场价格,公允价值具有较大的操纵空间。由于出售部分和留存部分账面价值的分配由各自公允价值占比决定,公司可通过高估留存部分的公允价值,低估出售部分的账面价值,进而提高出售利得。Dechow 和 Shakespeare(2009)发现公司普遍存在应收账款择时出售的行为:每年的前三季度中,48%的证券化交易发生在季度最后一个月,20%的交易发生在季度的最后五天,说明用证券化粉饰报表的动机。在利用出售利得扭亏为盈或实现正增长的公司中,择时行为更加普遍。Dechow 等(2010)发现,证券化前盈余的绝对水平和当期变动均与出售利得负相关,说明公司通过证券化收益平滑利润,并发现出售利得的操纵是通过选择不同水平的折现率实现的。作者也指出,CEO 薪酬设计未能对策略性的资产出售利得与常规利润进行区分,董事会等公司治理机制也未对管理层证券化相关的盈余管理行为起到约束作用。Aobdia 等(2021)发现,PCAOB 对证券化相关审计缺陷的揭露,促使相应事务所强化对证券化业务的审查。被 PCAOB 曝光审计缺陷的事务所的客户更难隐瞒证券化风险,也更难利用证券化操纵盈余,从而缩减了证券化活动的规模。作者的结论表明,获取会计处理收益为企业从事资产证券化的动因之一。

此外,也有文献关注企业从事资产证券化的避税动机。Han 等(2015)提出,由于 SPV 免交企业所得税,资产证券化能减轻企业税负,并通过分析美国2001—2008 年住房贷款数据,发现所在州企业所得税率越高,银行越多出售住房贷款。

2. 资产证券化中的激励扭曲

资产证券化可能造成发起人的激励扭曲。作为中介机构的银行受存款人委托,履行对借款人的筛选和监督职能,具有外部投资者所不具备的信息优势。资产证券化中,银行发起贷款却不承担贷款违约的风险,与投资者间存在代理关系。在信息不对称的前提下,投资者无法获知银行的履职程度,银行缺乏恪尽职守的激励,从而诱发贷款筛选和监督中的道德风险问题。同时,银行可能利用关于借款人的私有信息,选择性地出售低质量贷款,保留高质量贷款,带来出售时的逆向选择问题。

现有文献为银行发起贷款时的道德风险提供了丰富例证。部分文献通过研究证券化活动对信贷供给、贷款违约率、利率软硬信息含量的影响,间接证明道德风险的存在。Mian 和 Sufi(2009)用美国邮区层级的数据说明,区域证券化比例的上升伴随着贷款拒绝率的降低与信贷供给的扩张,证券化带来的信贷标准放松最终导致贷款违约的激增。Nadauld 和 Sherlund(2013)同样发现证券化的扩张增加了住房贷款供给,导致贷款违约率的上升,并提出证券化扩大信贷供给的两条可能路径:一是通过降低银行资本成本,使一些原本净现值为负的贷款项目变得有利可图;二是减少银行尽职筛选贷款的激励,增加对贷款的接受度。在进一步检验中,作者发现证券化高增长地区相较低增长地区,借款人信用评分、贷款价值比率、负债收入比率等硬信息对贷款利率的解释力度更高,说明证券化减少了银行对软信息的收集与利用。同时也发现,证券化高增长的地区,银行更多放宽对借款人收入资产证明的要求,佐证道德风险假说。Rajan 等(2015)在时间维度上检验证券化发展对利率信息含量的影响,认为证券化延长了借款人与最终投资者间的距离,带来了信息损失。市场投资者仅能观察到贷款的硬信息,并完全依赖硬信息做出投资决策,这使贷款发起人缺乏收集和使用软信息的激励,导致贷款在软信息方面的质量迅速恶化。实证结果表明,随着时间推移、证券化程度加深,借款人信用评分和贷款价值比等硬信息对利率的解释作用不断增强,但同时,利率对违约的预测能力不断下降,说明利率信息含量的下滑与贷款质量在软信息维度上的恶化。作者用一家贷款发起公司的小样本数据进一步说明,尽管发起人同时掌握面向投资者公布的硬信息和私有的软信息,但随着时间推移,硬信息在是否接受贷款申请中的决定作用不断上升,软信息的作用不断下降。

也有文献巧妙构造断点回归,直接证明证券化与信贷标准放松间的因果关联。Keys 等(2010)根据贷款申请时借款人提供证明文件的差异,将私营机构购买的证券化贷款划分为"完整证明文件组"和"低证明文件组":前者借款人既提供资产证明也提供收入证明,后者仅有资产证明或既无资产证明也无收入证明,后者相较前者软信息占比更高。许多机构会将 620 的借款人信用评分(FICO 分)作为购买贷款的门槛值,作者借此构造断点回归,探究门槛值两侧证券化数量与违约率的分布。实证结果显示,在"低证明文件组"中,证券化数量在门槛值处存在非连续的上升,说明两侧贷款证券化难易程度的差异。相应,在紧邻门槛值的窄区间内,右侧贷款尽管信用评分略高于左侧贷款,但违约率却显著上升,说明证券化可能性的提升使银行放松了信贷标准。而在"完整证明文件组",尽管门槛值两侧证券化数量也存在断点,但违约率却无显著差异,说明软信息的存在是银行放松标准的关键。Keys 等(2012)对前文进行了进一步的补充完善,用发起贷款中证券化比例和贷款从发起到出售的时间间隔,替换前文中证券化贷款的绝对数量,作为衡量证券化难易程度的指标,并发现在"低证明文件组"中,两个指标均在门槛值处存在断点,违约率也表现出非连续的跃升,进一步巩固道德风险结论。

然而,Keys 两篇文章的实证结论遭到了部分学者的质疑。Bubb 和 Kaufman(2014)认为,FICO 评分对违约率的影响渠道并非是证券化的可能性,而是贷款发起的可能性。作者提出,自动承销系统依据 FICO 评分给出不同的推荐意见,对应不同的贷款审查程序,自然导致银行筛选努力程度的差异,进而影响违约率的分布,与发起人对证券化可能性的预判无关。不同于 Keys 等(2010,2012)、Bubb 和 Kaufman(2014)使用的是全样本数据,包括私人机构购买中的"低证明文件组"和"完整证明文件组"以及政府赞助企业（GSE）购买的贷款，并发现以贷款发放数量和违约率衡量的筛选努力程度在门槛值处存在断点，但证券化概率却没有断点，说明证券化并非筛选努力下降的原因。同时，不同于 Keys 等（2012）文中展示的在 GSE 市场中证券化率与违约率均不存在断点，Bubb 和 Kaufman（2014）用同样的数据做出的结果表明违约率存在断点，但证券化率不存在断点，两篇文章存在实证结果上的矛盾。此外，Bubb 和 Kaufman（2014）认为 Keys 等（2010，2012）仅使用"低证明文件组"样本得出的结论存在选择性偏差，因为证明文件的完整程度内生于银行贷款筛选的努力程度，同样在门槛值处存在断点。

资产证券化引发的道德风险不仅发生在事前的贷款筛选环节，也体现于事后的监督环节。Wang 和 Xia（2014）使用 2000—2007 年间的公司贷款抵押证券（CLO）的数据，研究银行证券化活跃程度对贷款事后监督的影响。实证结果表明，证券化活跃银行发起的贷款，其协议条款对借款人的约束更弱、借款人在贷款发起后风险上升更多，说明证券化削弱了银行的事后监督。并且，在借款人违反贷款协议后，高证券化概率的贷款更可能被银行放过，而非被要求修改合同以维护贷款人利益。

部分文献对道德风险背后的驱动因素进行了挖掘。Titman 和 Tsyplakov（2010）发现股票市场表现不佳的发起人，相较资本市场中的长期声誉，更在意提振短期内的业绩表现，在审核贷款时标准更松、尽职调查更为敷衍，所出售贷款因而具有更高的违约概率。基于对这部分发起人道德风险的预期，评级机构将要求更高比例的次级支撑、投资者也将索要更高的风险溢价。Chernenko 和 Sergey（2017）发现 CDO 管理人为维护与投资银行的业务关系，让渡了贷款筛选时的独立性，有意购入投资银行难以通过其他途径出售的低质量资产。既往 CDO 表现差的管理人，反而拥有更多的业务机会。

银行作为专业化中介机构，从贷款的发放和管理中掌握了关于借款人的私有信息，可能利用相对市场投资者的信息优势，在证券化环节进行逆向选择,保留低风险资产,将高风险资产转移至二级市场。Downing等(2009)以1991—2002年间由房地美担保的住房贷款为样本,发现证券化的贷款相较未证券化的贷款,借款人更为有效地行使贷款早偿赋予的"期权"——在利率上升时延迟还款,在利率下降时加速还款,以减少整体的偿债负担。这种贷款出售中的选择性行为,给相应证券带来了4~6个点的"柠檬利差"。

但也有许多文献得出与逆向选择相反的结论。Agarwal等(2012)使用2004—2007年间美国住房贷款数据,先用75%的样本估计出违约率与早偿率预测模型,测算出余下25%数据的预期违约率与早偿率。作者发现,优先级市场中低预期违约、高预期早偿的贷款更可能被证券化,原因在于GSE担保违约风险,但不担保早偿风险。而在由私人机构发行的次级贷款中,大部分年份出售和留存的贷款预期违约率与预期早偿率无显著差异,不支持逆向选择。Benmelech等(2012)研究1997—2007年间CLO数据,用二级市场上贷款价格、信用评级、贷款人违约概率、贷款协议违反等指标衡量贷款风险,发现证券化贷款并未表现出更高的风险,说明不存在逆向选择。作者认为,这是因为公司贷规模较大,通常由多家银行和机构投资者组成的银团发起,发起人风险留存比例较高,也更在意声誉风险。Albertazzi等(2015)使用50家意大利银行1996—2006年住房贷款数据,将贷款的公开信息对证券化概率和违约率分别回归,拟合出的两个残差作为证券化决策和贷款实际违约中体现银行私有信息的部分。结果显示,两个残差负相关,说明银行并未利用私有信息进行逆向选择,相反,证券化贷款的质量更高。作者进一步发现,刚开始从事证券化业务的银行出于建立声誉的考虑更多出售优质贷款(残差相关系数显著为负);而随着证券化经验的积累,残差相关系数趋于0。在证券化贷款中,高风险留存的贷款违约率低于低风险留存的贷款。Black等(2020)利用2007—2008年CMBS暂停的外生冲击,发现具有证券化特征的贷款,后期遭遇展期或违约的概率更低,即风险低的贷款更可能被证券化。作者基于公开市场融资和银行贷款融资的差异对此予以解释:CMBS相较银行贷款具有更低的融资成本,但由于公开市场投资者不具备银行所拥有的私有信息优势,贷款一旦违约将面临更高的清算成本。因此,信用风险低的贷款,更适合进行证券化。上述结论说明,声誉机制、风险留存、银行在处置违约贷款上的比较优势,均可能导致银行出售优质贷款的决策。

Jiang 等(2014)将贷款发起时的道德风险与贷款出售时的逆向选择放在统一研究框架下,认为银行相对市场投资者的信息优势仅存在于发起环节——由于贷款发起到出售存在时滞,投资者有充足时间观察贷款表现、搜集额外信息、填补与银行间的信息沟壑,进而在贷款出售时择优购买,阻止甚至扭转银行的逆向选择。实证结果表明,尽管银行被禁止披露借款人的人口学特征或将借款人的人口学特征纳入出售或留存的选择中,但贷款实际出售的概率仍与贷款住房所在街区的人口学统计数据显著相关,说明投资者存在主动搜集软信息的行为。出售贷款的实际违约率显著低于留存贷款的违约率,说明最终结果是投资者占优。作者进一步发现,由银行直接发起的贷款,相较由经纪商发起、银行购入的贷款,银行具有更多的软信息优势,出售贷款与留存贷款的违约率差异更小。对于具有高预期出售概率的贷款,出售贷款与留存贷款违约率的差异更为显著,说明银行在贷款发起时主动降低了对高预期出售概率贷款的筛选标准,在出售时却被投资者的择优购买所反噬。

3. 交易结构设计

上节中所述的逆向选择与道德风险,会引发 Akerlof(1970)所言的"柠檬市场"问题,转嫁为证券化产品的发行成本。实证检验中,An 等(2011)对比了商业贷款支持证券发售中"投资组合交易"与"管道贷款"两种不同的交易结构。投资组合交易即常规的资产证券化流程:贷款机构先将贷款作为投资组合持有,再出于流动性需求对外出售。而在管道贷款中,贷款机构以出售为目的发起贷款,在发起时点旋即向二级市场出售,主要通过收取手续费获利。管道贷款的发起人缺乏动机收集私有信息,没有相对投资者的信息优势,发起即出售的模式也意味着不存在逆向选择的机会。作者发现,在控制其他影响定价的因素后,管道贷款出售时的利差更低,证实了常规资产证券化中"柠檬折扣"的存在。

基于此,证券化产品的发行方有动机通过各种信用增级的结构设计,降低证券化产品的信息不对称程度,加强与投资者的利益协同,从而减少柠檬效应带来的效率损耗与额外成本。

资产池的组建与证券化产品的分层,有助于降低信息不对称的负面影响,打消属于信息劣势方的投资者对发行方逆向选择的顾虑。证券化的底层资产往往不是单一资产,而是多项资产混合而成的资产池。对此,Gorton 和 Pennacchi(1991)指出,资产回报的方差越大,知情者越能够利用信息优势获利。将多项资产混合成资产池的做法,通过消除单个资产的异质性风险,能够降低整体资产池回报的方差,进而消弭知情者相较非知情者的相对优势。DeMarzo(2005)亦提出,资产混合兼具信息毁灭效应与风险分散效应,当资产的异质性风险能被较好分散时,资产混合能够降低信息不对称带来的"柠檬折价"。

在资产混合之外,证券化的另一大特征是分层:发行方通常设置多个证券层级,对应不同的求偿优先级,以重新分配资产池内部的风险。资产池的风险很大程度上被次级证券所吸收,使高优先级证券对资产池风险呈现出低敏感性,降低了投资决策的信息需求,阻断信息不对称带来的逆向选择。而低优先级证券则兼具高风险与高回报的特征,最大化知情投资者的信息优势。Gorton 和 Pennachi(1990)从投资者需求的角度,推导出信息不对称的存在会导致知情方利用信息优势剥削非知情方,进而增加非知情方对无风险高流动资产的需求。将公司现金流分为有风险和无风险的部分,能够满足知情方和非知情方差异化的投资需求。Boot 和 Thakor(1993)从证券供给的角度,推导出通过将证券分为信息敏感和信息不敏感的两部分,能够最大化发行人的期望收益。

在实证研究上,不同学者从多个角度,对证券化结构设计的决定因素展开研究。Maskara(2010)研究 1987—1999 年银团贷款数据,发现高风险的贷款更可能被分层。在控制了风险因素后,分层贷款相较同类贷款具有更低利率,说明分层降低了贷款成本。对于高风险的贷款人,分层设计对贷款成本的降低更为显著。Franke 等(2012)以欧洲 CDO 交易为研究对象,发现资产池质量越低,次级证券比重越高,以此为优先级证券提供充足保护。

资产的混合与分层固然有助于降低优先级证券对底层资产信息的敏感性,进而避免逆向选择问题。然而,信息脱敏伴随的结构设计复杂性的提升,增加了投资者透视 ABS 质量的难度,为发行人的机会主义行为创造空间。Griffin 等(2014)发现不同于声誉发挥约束作用的传统认知,高声誉的承销商能够策略性利用证券化产品的复杂属性,将低质量资产伪装为高质量资产,所发行的证券化产品在经济低迷时期表现更差。Ghent(2019)发现发行人策略性地提高交易复杂性以掩盖劣质底层资产,并从优先级投资者处转移现金流。交易复杂程度高的 ABS,底层资产与 ABS 证券均具有显著更高的事后违约率,而这未被投资者察觉并纳入定价。

除了资产混合与证券分层,另一重解决代理问题的重要途径为发行机构的风险留存。按照是否存在合同关系,风险留存可分为显性与隐性。最常见的显性风险留存为第一损失部分(First Loss Position),即发行机构通过自购次级资产支持证券或利息证券(Interest Only Strips),优先承担违约风险,减少更高级别证券的风险暴露。DeMarzo 和 Duffie(1999)分析指出,发行人相较投资者的信息优势将降低证券化产品的流动性,对此,发行人可通过自持次级证券,向投资者发送资产优质的信号。根据美国财务会计准则 140 号规定,这部分留存的资产需保留在表内。隐性风险留存,是发行方对证券投资者不成文的担保,在避免明显触犯会计准则和资本监管条例对"真实出售"规定的同时,保证证券投资者免受资产池质量恶化的影响。隐性担保的形式包括:低价向 SPV 出售资产、高价从 SPV 处收购资产、用优质资产交换 SPV 劣质资产等

(Cheng等,2011)。风险留存通过保留部分出售资产的风险,增加了发起人与证券投资者的利益协同程度,起到抑制逆向选择与道德风险的作用。

不同的底层资产类型对应差异化的风险留存程度与担保方式。Chen等(2008)区分了不同类型贷款的信息不对称程度:住房抵押贷款信用风险低且同质化,信息不对称程度最低;消费贷款信用风险高,但风险较为同质化、易于验证,信息不对称程度次之;商业贷款风险最高,且不同贷款间风险差异大,信息不对称程度最高。作者用银行股票回报波动对证券化规模的回归系数衡量风险留存程度,发现消费贷款对应的风险留存程度显著高于住房抵押贷款。同时,资产池是闭环还是循环,影响发起人风险留存方式的选择。动态更新的循环消费贷,其合约中通常包含资产池状况恶化时发起人提前摊还的条款。面对不确定性高的资产池,发起人有动机通过隐性担保,为资产池质量兜底,以避免提前摊还带来的资产负债表负担和流动性危机。作者通过实证检验发现,住房贷款与商业贷款中,次级证券与利息证券规模显著影响银行风险,说明风险留存通过显性担保实现;而对于循环消费贷款,次级证券与利息证券对银行风险影响均不显著,说明不可观测的隐性担保对显性担保起到替代作用。

许多文献对风险留存缓解激励失调的实际效果与面向投资者的信号作用进行了实证检验。Begley和Purnanandam(2017)认为次级证券占比代表了发起人对ABS的风险暴露,能够传递发起人关于资产质量的私有信息。因此,在控制事前可观测风险的情况下,次级证券占比高的ABS表现出更低的事后违约风险,而投资者亦能接收到结构设计发送出的信号,对高次级占比项目的证券索要更低的风险溢价。Ashcraft(2019)则发现,RMBS的发起人通过将持有的次级权益打包成CDO二次出售,在优先级证券投资者不知情的情况下减少对RMBS的风险留存。对次级证券再出售的预期,使原始权益人放松了贷款筛选的标准,进而增加优先级证券的违约风险。Flynn等(2020)探究监管变革下风险留存方式的变迁:《多德-弗兰克法案》要求ABS发行人至少自持5%的证券权益,这使风险自留规模不再发挥信号作用。但发行人可以通过选择风险自留结构,向投资者传递资产质量的信号——平行结构相较垂直结构或混合结构,对抵押物风险的暴露更多,反映资产优质的私有信息。因此,通过平行结构风险自留的发行人,面临更低的发行利差。

除自持权益外,ABS的交易特征亦能反映发起人与投资者间的利益协同。Demiroglu和James(2012)发现MBS发起人与原始权益人或贷款服务商的关联关系,使其持续暴露于出售贷款的信用风险,发起人因而有激励提高审核贷款的尽职程度,从而降低资产池后续的损失率与失赎率。相应,这部分MBS具有更低的发行利差、更低的次级占比、更少通过超额抵押进行额外增信。Adelino等(2019)发现贷款发起人通过推迟贷款出售、主动延长风险暴露的期限,向投资者发送资产优质信号。延迟出售的贷款具有更低的未预期违约风险,也伴随更低的证券化发行利差。Vermilyea等(2008)发现发行信用卡资产支持证券的银行通过报告欺诈损失,为投资者提供隐性担保。信用卡资产支持证券条款要求转移至SPE的须是"合格资产",如果借款人被发现存在欺诈行为,则发起人需赎回相应贷款。由于欺诈风险由发起人承担,信用风险由投资者承担,银行能通过将更多信用损失归为欺诈损失,保证资产池质量。实证结果表明,证券化占比高、主营信用卡贷款业务、资产池状况恶化的银行,会报告更多的欺诈损失,证明欺诈损失背后的隐性担保动机。

部分学者质疑风险留存,尤其是难以观测的隐性担保,侵蚀了资产证券化中"真实出售"的根基,将控制权和风险仍留存在公司内部,使证券化实质属于债务融资而非资产出售。Niu和Richardson(2006)将CAPM模型中的β作为风险衡量指标,发现在控制了经营风险和表内杠杆率后,表外证券化资产比重与β显著正相关。且表外证券化比重的回归系数与表内杠杆率的回归系数无显著差异,说明隐性担保使投资者将出表部分的证券化资产视为对证券投资者的债务,赋予其与表内债务相同的风险权重。Landsman等(2008)用SPE的资产债务和公司表内其他部分的资产债务同时对市值回归,发现表外资产债务的回归系数与表内无显著差异,说明股票市场将SPE的资产债务仍视为发起人所有,资产出表名不符实。Barth 等(2012)关注债券市场对资产证券化经济实质的解读,发现发起人信用债利差同等反映了证券化资产与表内资产。Bonsall 等(2015)亦发现,评级机构在对发起人主体进行初始评级时,将证券化出表资产视同表内资产。Dou 等(2014)发现金融危机期间证券化规模与发起人主体风险的关联性显著上升。第三方增信对风险自留起到替代作用,有助于削弱证券化对公司风险的贡献,而兼任服务商则将强化证券化活动与公司风险的同频共振。

亦有学者探究隐性担保对发起人信息环境的影响,认为隐性担保使市场投资者无法确知风险转移的程度,增加了公司面临的信息不对称,提供了信息套利的空间。Cheng 等(2011)通过主成分分析,用证券化资产规模、证券化收入、证券化贷款的不良率、证券化贷款的损耗、表内留存比例五个指标,构造银行担保不确定性的衡量变量。发现对于从事证券化业务的银行,担保不确定性越高,买卖价差与分析师意见分歧度代表的信息不对称程度越强。Ryan 等(2015)在此基础上进一步发现,对于高担保风险的银行,CEO 和 CFO 为代表的内部人会利用私有信息进行股票交易,套取超额回报。

截至此,本节论述了资产证券化交易设计中的资产混合、证券分层、风险留存,对抑制逆向选择与道德风险的作用。但在交易结构之外,一些其他因素亦可能缓解资产证券化中的激励扭曲。Drucker 和 Puri(2009)提出底层贷款中的限制性条约可以缓解出售时的信息不对称问题。有更多限制性条款的贷款具有更高的出售可能性,且对于信息不对称程度更高的贷款,限制性条款与出售概率之间的正向关联更为显著。Keys 等(2009)关注银行风险部门权力与资产池结构对道德风险的影响。发现风险经理薪酬在高管整体薪酬中占比越高,意味着风险管理部门权力越大,越能对银行道德风险起到约束作用;资产池中贷款人数量越多,发起人越易横向比较同一资产池中贷款质量差异,筛选质量的下滑越轻微。在信息披露影响资产质量与市场效率方面,Ertan 等(2017)选取 2013 年欧洲中央银行出台的证券化信息披露规定作为研究事件,发现披露新规的出台通过增加银行的信息搜集、促进投资者和监管部门的监督,带来了贷款质量的提升。Neilson 等(2021)以美国 2016 年生效的 Regulation AB II 为研究对象,发现资产层级强制信息披露的施行一方面增加了投资者可获取的信息,提升初始利差对底层资产未来表现的预测能力;另一方面增强了投资者对虚高评级的鉴别能力,进而提高评级的准确性。Piskorski 等(2015)则发现,RMBS 承销商存在对底层资产进行错误陈述的信息披露违规行为,被错误陈述的贷款具有更高的违约风险,投资者也因此面临更为严重的损失。

4. 证券评级与定价

评级机构在资产证券化中扮演着重要角色。资产证券化本质上是评级套利的过程:发行方再通过打包、分层、内外部信用增级等手段,将持有或购入的高风险、低评级资产转换成低风险、高评级证券,赚取两者间信用利差。证券评级相较底层资产提升越多,发行机构获利越丰。不同于公司债的评级,证券化产品的评级体现出更强的事前特征:评级机构不仅会根据底层资产池质量和交易架构对证券信用进行评估,也会依据发行方的评级目标,给出证券结构设计的建议。国际清算银行 2005 年的报告中将证券化产品的评级分为两个步骤:一是资产池信用风险分析,二是交易结构分析。在分析资产池风险时,关键的输入参数包括违约概率、违约回收率和违约相关系数,不同评级机构使用的信用风险模型和输入的估计值可能存在差异。在分析结构风险时,评级机构根据证券化产品的偿付结构,定量分析抵押物现金流对不同层级证券本金和利息的覆盖能力。同时,评级机构也会对交易结构中的第三方如服务商、管理人、担保机构等可能存在的风险,以及 SPV 破产隔离的法律风险,进行定性分析。

资产证券化复杂的交易结构、分散化的底层资产以及信息不对称特征,使投资者面临高企的信息获取成本,也缺乏主动搜集信息的激励,高度依赖评级机构提供的信息。基于此,评级是证券化产品定价的主要决定因素。Ashcraft

等(2011)将MBS中可能同时影响评级与定价的证券结构和底层贷款特征分别对评级与定价做回归后,发现两个残差仍高度相关,说明在排除了可观测因素后,评级对定价仍有很强的解释力度。

然而,次贷危机中贷款的大规模违约与证券化产品的普遍降级,引发了对评级质量的质疑。Ashcraft等(2010)研究发现,在风险因素不变的前提下,2005—2007年间,获取同等评级所需的次级证券比重持续降低,表明评级标准的放松。在控制评级的情况下,根据可观测信息构造的违约预测模型对真实违约率仍有很强的解释效力,说明评级的信息有效性较弱。

关于资产证券化中可能存在的评级偏误,许多文献从不同角度对其做出解释。一种解释是资产证券化加剧了评级所面临的模型风险。Coval等(2009)认为资产混合与分层的设计使优先级证券的违约集中发生在差的经济状况下,类似于"经济灾难债券"。理论上,由于差经济状况下一美元的边际效用更高,同等违约概率下,对系统性风险更敏感的资产应该给予投资者更高的风险补偿。然而,基于违约概率或期望损失的评级模型并未考虑违约在不同经济状况间的分布差异,从而导致证券化产品的错误定价。

第二种解释是证券发行机构的评级购买行为。发行方向评级机构寻求评级后,如果对影子评级结果不满,可以支付一笔违约费中止合作,从而仅公布对自身有利的评级。这种对评级结果的选择性购买,可能导致公布评级的过度乐观。Skreta和Veldkamp(2009)用模型说明,假定评级机构均基于自身信息做出无偏评级,当资产结构简单时,评级机构意见同质,发行方购买评级的动机弱;而对于复杂的证券化产品,不同机构评级差异大,增加了发行方择优购买的动机,从而导致最终面向投资者发布的评级出现系统性偏差。作者同时指出,引入更多评级机构竞争会加剧评级的过度乐观程度,因为这增大了发行方评级选择的空间。实证研究上,He等(2016)发现,只有一份评级的证券相较有多份评级的证券,具有更高的后续违约率,证明择优购买行为降低了评级质量。Jiang等(2018)关注证券化评级中的"旋转门"效应:相较信用债,证券化产品异质性更强、交易结构更为复杂、信息不对称程度更高、评级模型更依赖初始参数的输入,因此具有更大的操纵空间。对评级机构分析师的聘用,增加了 ABS 发行人对评级模型的熟悉程度,使其能够策略性地与评级机制博弈斡旋,以最小成本获取期望评级。在相同初始评级下,聘用评级机构分析师的发行人所发 ABS 面临更高的后续降级概率。

第三种解释是在发行人付费模式下,评级机构主动给出高估的评级,以在商业竞争中维护业务关系。资产证券化在制度和市场结构上的特征,又进一步催化了发行方面临的利益冲突。Opp 等(2013)指出,高评级资产在监管上的优势,扭曲了评级机构激励,使其迎合市场需求做出高估的评级。Frenkel(2015)提出"双重声誉模型",并对比了公司债市场与证券化市场的差异:公司债由数千家公司发起,评级机构和公司多为一次性交易,更关注在投资者眼中的声誉,因此会客观公允;而证券化产品则高度集中,由少量专业化的大型投资银行发起,评级商与发行机构间存在重复多次交易,出于维持重要客户关系的考虑,倾向于迎合发行方给出高估评级。

关于评级机构主观偏误的实证研究上,Griffin 和 Tang(2012)用某大型评级机构 916 份 CDO 评级的内部数据发现,使用评级机构估计值推导出的 AAA 评级与实际公布的 AAA 评级间相关系数仅有 0.49,原因在于存在十分普遍的评级调整。回归结果表明,模型推算出的 AAA 级证券比重越低,评级调整越大,且评级调整无法被管理人经验或额外增信措施等与 CDO 信用相关的定性因素所解释,纯属评级机构主观行为。并且,评级调整显著增加了后续证券降级的可能,证明调整有损评级质量。He 等(2011)用 2000—2006 年间发行的 MBS 为样本,发现大型发行机构的证券中 AAA 级比重更高,原因在于大型发行机构议价能力更强、更易对评级机构施加影响。金融危机期间大型发行机构的 AAA 证券价格下降幅度大于小型发行机构的 AAA 证券,证明评级的虚高。Griffin 等(2013)通过研究 716 份穆迪和标普的内部评级监测报告,发现当评级机构用模型推算出的评级结果与另一家不符时,更有可能进行评级调整,而这也对应后续更高的证券降级可能。相应地,市场大样本数据表明有两份评级的证券反而拥有更高的降级可能与更高的违约概率。上述结果表明评级机构会参照竞争对手对评级进行调整,最终损害了评级的独立性与质量。Efing 和 Hau(2015)发现,发行机构与评级机构业务关系越紧密,评级机构越易给出高估的评级。业务关系对评级的影响对于复杂交易和在信用繁荣时期更为显著,原因在于高信息不对称和低违约发生率均降低了评级机构面向投资者的声誉风险。

鉴于评级在证券化产品定价中的重要作用,以及评级结果可能存在的主客观偏误,一个随之而来的问题是:投资者是否存在对评级的过度依赖?许多文献表明,市场中证券的定价并不完全取决于评级,投资者同样会考虑评级之外的风险。同时,对评级的依赖程度在不同类型证券间存在差异。He 等(2012)发现,在住房市场繁荣时期,相同评级证券,大型发行机构的证券利差更高。结合 He 等(2011)发现的大型发行方更可能影响评级机构给出虚高评级,该结果说明投资者能够识别评级机构利益冲突的风险,并在定价中予以修正。Adelino(2009)发现,在控制评级后,证券利差与后续是否出现降级显著正相关,说明投资者考虑了评级之外的贷款风险,并纳入证券的定价。当评级与利差冲突时,高评级的证券比低评级的证券具有更高降级可能,进一步佐证利差具有额外的风险预测能力。但利差与后续贷款表现的关联仅在非 AA 级证券中显著,说明高评级证券的投资者未考虑评级以外的风险因素,默认高评级证券为"安全资产"。He 等(2016)同样发现,在市场繁荣时期、对大规模的发行商、在证券仅有一个评级的情况下,利差对违约的预测能力更强,说明投资者面对评级偏误严重的证券时,对评级的依赖程度较低。但利差对违约的预测能力仅在非 AAA 级证券中显著,说明 AAA 级证券的投资者存在过度依赖评级的现象。

除评级之外,证券化产品的定价还受哪些因素影响?底层资产风险影响证券定价,不同层级证券面临的现金流风险具有异质性。Childs 等(1996)发现底层资产的违约风险被劣后级证券所充分吸收,优先级证券定价主要受早偿风险影响。底层资产波动率与相关性所代表的违约风险,与夹层级证券利差成正比;在底层资产充分分散的情况下,由于违约风险极低、早偿风险由优先级证券最先承受,夹层级证券利差甚至可能低于优先级证券。次级证券类似于价外看涨期权,由于偿付结构的凸性与价外特征,当资产池集中程度升高时,证券利差反而下降。交易结构设计与评级特征,通过影响偿付风险,作用于证券定价。He 等(2012)发现在 AAA 评级的交易中,证券次级程度与利差正相关,因为次级程度越高说明对风险的暴露程度越高;产品层级数与利差正相关,说明产品越复杂,投资者要求的风险补偿越多;发行商评级越高,利差越低,佐证隐性担保的存在;当发起人兼任服务商时,投资者要求更高溢价。在非 AAA 评级的交易中,本金规模与利差成正比;发行机构评级与利差成反比;当仅出具一份评级意见或两份评级意见出现分歧时,投资者要求更高溢价,说明非 AAA 证券的溢价购买更为严重,抑或非 AAA 证券的投资者对评级偏误更敏感。

5. 经济后果与影响

关于资产证券化对发起企业财务指标的影响,Cebenoyan 和 Strahan(2004)发现贷款出售提升了银行管理信用风险与流动性风险的灵活性,使其降低资本相对风险资产的比值、减少流动性资产的持有、增加风险贷款的发放。在未控制资本结构与风险贷款比例时,证券化活动提升了银行风险;而在控制资本结构与风险贷款比重后,从事证券化银行的盈余波动反而更低。贷款的出售与购入,有助于提高银行的盈利水平。Lemmon 等(2014)以非金融企业为研究对象,发现证券化募集资金主要被企业用于偿还已有债务,企业盈利能力、风险水平、现金持有水平在证券化后未有显著变化。

关于证券化对股东和债权人财富的影响,Lockwood 等(1996)以 1985—1992 年间 294 份公开发行资产支持证券为样本,发现公告日前后的市场反应取决于企业类型与经营状况。银行企业在资产证券化公告后的累计超额回报为负,金融公司的累计超额回报为正,汽车公司和其他行业公司则无显著超额回报。原因在于,银行出于监管套利动机,更可能出售低风险资产,保留高风险资产,损害股东利益。财务状况宽裕的银行,证券化伴随正面市场反应;财务状况紧张的银行,证券化带来负向的股票回报。原因在于,对于经营状况不佳的银行,证券化类似于传递财务状况恶化的信号;且此类银行为获取证券化融资,需要提供更多的增信措施、更多出售优质资产保留劣质资产,有损股东财富。Lemmon 等(2014)发现非金融企业的证券化公告伴随股票市场中的正向回报,而债券市场未有显著异于0的反应,说明资产证券化在增加股东财富的同时,并未带来原有债权人的财富损失。

资产证券化尽管被视为流动性风险与信用风险管理工具,但可能通过提高银行间的关联性,加剧系统性风险。Gennaioli 等(2013)从理论上提出,市场对无风险资产的需求促使金融中介频繁出售与购进贷款,以消除资产组合的异质性风险。然而,通过多元化分散风险的策略增强了银行间的经济关联,造成尾部风险的上升,在减轻个体风险的同时提高了银行对系统性风险的暴露水平。Uhde 和 Michalak(2010)发现,在发行证券化产品的短窗口内,银行对市场风险的暴露水平显著上升。Nijskens 和 Wagner(2011)发现,首次发行CLO 后,银行 CAPM 模型中的 β 系数永久性上升 0.21,且风险暴露的上升是由银行与市场间的相关系数、而非银行自身波动所驱动,说明证券化在降低银行异质性风险的同时提升了系统性风险。背后的原因可能在于:相互买卖证券产品使银行间相关系数升高,放大了金融系统的风险;银行高度依赖证券市场提供流动性,加剧了市场崩溃时的系统性影响。

资产证券化的经济后果,不仅限于发起人内部,亦可能传导至一级市场,影响信贷供给与融资成本。Loutskina 和 Strahan(2009)利用政府赞助企业购买住房贷款的额度限制,发现对于出售受限的巨额贷款,其信贷供给与银行流动性水平和存款成本显著相关,而在额度限制之下的贷款,其信贷供给与银行流动性和存款成本无关。说明证券化通过改善贷款流动性,降低了信贷供给对银行财务状况的敏感性。Gerardi 等（2010）认为，住房抵押贷款二级市场的发展改善了一级信贷市场中的不完美，增强了购房价值对未来收入的预测能力。Shivdasani 和 Wang（2011）发现资产证券化推动了杠杆收购的繁荣：CDO 承销活跃的银行更多发起杠杆收购贷款，同时，发起的贷款也具有更低利差与更宽松的限制性条款。Nadauld 和 Weisbach（2012）发现，证券化伴生的对底层贷款的需求增加了信贷供给，降低了一级市场上的贷款利差，进而降低了公司的融资成本。Gande 和 Saunders（2012）探究银行贷款出售对一级市场中借款人的溢出效应，发现贷款出售公告伴随借款人股票市场中的正面反应，渠道是提高了借款人未来的融资可及性，有助于缓解其融资约束。然而，市场对证券化削弱银行监督职能、企业未来杠杆率上升的预期，使贷款出售公告带来了借款人债券市场中的负面反应，说明二级市场中的贷款出售为借款人股东从债权人处转移财富创造了便利。Fuster 和 Vickery（2015）发现证券化显著影响固定利率住房贷款的供给，原因在于固定利率贷款的发起人面临高企的利率风险和早偿风险，而证券化通过对外分散风险，增加了发起人放贷激励。当私人部门证券化活动被冻结时，在无法被政府赞助企业购买的巨型贷款中，固定利率住房贷款占比显著降低、利率显著提升，说明流动良好的证券化市场是固定利率贷款稳定供给的关键。Dou 等（2018）利用会计准则变动的负向冲击探究证券化对信贷供给的影响：2010 年生效的 SFAS 166、167 强化了对可变利益实体并表的要求，这使银行迫于资本充足率压力，降低了贷款审批通过率。Dou（2021）及 Dou 和 Xu（2021）进一步探究证券化并表对银行借款人的溢出效应，发现将证券化业务并表的银行减少了小型商业贷款的供给、提高了贷款利差、缩减了贷款规模，而这对相应银行原有借款人的创新水平造成负面影响。

证券化对底层贷款的影响，不仅限于供给数量和定价，还体现在逾期贷款的处置方式上。Piskorski 等（2010）发现在逾期情况下，证券化贷款面临更高的失赎率。原因在于分散的现金流权与证券化的合同限制提高了债权人间的协调难度,代理关系下贷款服务机构也缺乏积极协商的激励,从而增加了逾期贷款抵押物失赎的可能。Agarwal 等(2011)亦发现,相较证券化贷款,银行自持的逾期贷款显著具有更高的再协商可能;且协议调整后,银行自持贷款的再违约率也显著低于证券化贷款调整后的再违约率。说明银行自持而非出售,不仅增加了逾期贷款的再协商概率,协商结果也更为有效。然而,Adelino 等(2013)认为,证券化和自持贷款在逾期调整概率与再违约率上的差异并不具有经济意义上的显著性,贷款服务机构与借款人间的信息不对称才是高失赎率的主要驱动因素,与是否证券化无关。与 Piskorski 等(2010)和 Agarwal 等(2011)的研究结论类似而与 Adelino 等(2013)的结论相反,Kruger(2018)将 2007 年私有住房贷款证券化市场的冻结作为外生冲击解决因果识别问题,发现证券化显著增加了逾期贷款失赎的概率,且违约后条款得到修改的证券化贷款,也面临更高的再违约可能。贷款服务协议不仅未缓解服务商与证券化投资者间的代理问题,反而进一步阻却了逾期贷款的有效化解。Wong(2018)揭示出 CMBS 贷款服务商与证券化投资者间的利益冲突:服务商可能将清算贷款低价出售给关联方,进而增加证券化投资者面临的贷款损失。Aiello(2022)探究贷款服务商的融资约束程度如何影响损失处置中的代理问题。作者发现融资约束程度高的服务商,由于难以负担为逾期债务人垫付的本息,在抵押物赎回与贷款条款修订上更为急迫激进,而这增加了证券化投资者的贷款处置损失。

此外,证券化通过减少银行对存款等传统融资方式的依赖,改变了政府货币政策向信贷市场传导的渠道。Loutskina(2011)提出,证券化削弱了货币政策通过公开市场操作影响信贷供给的能力,在货币政策收紧时,银行可以通过证券化获取流动性继续支持贷款增长。Aysun 和 Hepp(2011)发现,尽管证券化下货币政策的信贷渠道被削弱,但资产负债表渠道得到增强。具体而言,证券化带来银行风险的上升,提高了银行放贷对经济状况的敏感度。当借款人信用恶化时,从事证券化的银行更可能削减贷款,进而提升货币政策通过资产负债表渠道的传导效率。

参考文献

Acharya V V, Schnabl P, Suarez G, 2013. Securitization without risk transfer[J]. Journal of Financial Economics, 107(3): 515-536.

Adelino M, 2009. Do investors rely only on ratings? The case of mortgage-backed securities. Job Market Paper, MIT Sloan School of Management and Federal Reserve Bank of Boston.

Adelino M, Gerardi K, Hartman-Glaser B, 2019. Are lemons sold first? Dynamic signaling in the mortgage market[J]. Journal of Financial Economics, 132(1): 1-25.

Adelino M, Gerardi K, Willen P S, 2013. Why don't Lenders renegotiate more home mortgages? Redefaults, self-cures and securitization[J]. Journal of Monetary Economics, 60(7): 835-853.

Agarwal S, Amromin G, Ben-David I, et al, 2011. The role of securitization in mortgage renegotiation[J]. Journal of Financial Economics, 102(3): 559-578.

Agarwal S, Chang Y, Yavas A, 2012. Adverse selection in mortgage securitization[J]. Journal of Financial Economics, 105(3): 640-660.

Aiello D J, 2022. Financially constrained mortgage servicers[J]. Journal of Financial Economics, 144(2): 590-610.

Akerlof G A, 1970. The market for "lemons": Quality uncertainty and the market mechanism[J]. The Quarterly Journal of Economics, 84(3): 488-500.

Albertazzi U, Eramo G, Gambacorta L, et al, 2015. Asymmetric information in securitization: An empirical assessment[J]. Journal of Monetary Economics, 71: 33-49.

An X D, Deng Y H, Gabriel S A, 2011. Asymmetric information, adverse selection, and the pricing of CMBS[J]. Journal of Financial Economics, 100(2): 304-325.

Aobdia D, Dou Y W, Kim J, 2021. Public audit oversight and the originate-to-distribute model[J]. Journal of Accounting and Economics, 72(1): 101420.

Ashcraft A, 2010. MBS ratings and the mortgage credit boom. DIANE Publishing.

Ashcraft A, Goldsmith-Pinkham P, Hull P, et al, 2011. Credit ratings and security prices in the subprime MBS market[J]. American Economic Review, 101(3): 115-119.

Ashcraft A B, Gooriah K, Kermani A, 2019. Does skin-in-the-game affect security performance? [J]. Journal of Financial Economics, 134(2): 333-354.

Ayotte K, Gaon S, 2011. Asset-backed securities: Costs and benefits of "bankruptcy remoteness"[J]. The Review of Financial Studies, 24(4): 1299-1335.

Aysun U, Hepp R, 2011. Securitization and the balance sheet channel of monetary transmission. Journal of Banking & Finance, 35(8):2111-2122.

Barth M E, Ormazabal G, Taylor D J, 2012. Asset securitizations and credit risk[J]. The Accounting Review, 87(2): 423-448.

BCBS, 2005. The role of ratings in structured finance: issues and implications. Bank for International Settlements.

BCBS, 2011. Report on Asset Securitisation Incentives. Bank for International Settlements.

Begley T A, Purnanandam A, 2017. Design of financial securities: Empirical evidence from private-label RMBS deals[J]. Review of Financial Studies, 30(1): 120-161.

Benmelech E, Dlugosz J, Ivashina V, 2012. Securitization without adverse selection: The case of CLOs[J]. Journal of Financial Economics, 106(1): 91-113.

Bens D A, Cheng M, Neamtiu M, 2016. The impact of SEC disclosure monitoring on the uncertainty of fair value estimates[J]. The Accounting Review, 91(2): 349-375.

Black L K, Krainer J R, Nichols J B, 2020. Safe collateral, arm's-length credit: Evidence from the commercial real estate market[J]. The Review of Financial Studies, 33(11): 5173-5211.

Bonsall S, Koharki K, Neamtiu M, 2015. The effectiveness of credit rating agency monitoring: Evidence from asset securitizations[J]. The Accounting Review, 90(5): 1779-1810.

Boot A W A, Thakor A V, 1993. Security design[J]. The Journal of Finance, 48(4): 1349-1378.

Bubb R, Kaufman A, 2014. Securitization and moral hazard: Evidence from credit score cutoff rules[J]. Journal of Monetary Economics, 63: 1-18.

Cebenoyan A S, Strahan P E, 2004. Risk management, capital structure and lending at banks[J]. Journal of Banking & Finance, 28(1): 19-43.

Cheng M, Dhaliwal D S, Neamtiu M, 2011. Asset securitization, securitization recourse, and information uncertainty[J]. The Accounting Review, 86(2): 541-568.

Chernenko S, 2017. The front men of wall street: The role of CDO collateral managers in the CDO boom and bust[J]. The Journal of Finance, 72(5): 1893-1936.

Childs P D, Ott S H, Riddiough T J, 1996. The pricing of multiclass commercial mortgage-backed securities[J]. The Journal of Financial and Quantitative Analysis, 31(4): 581.

Coval J D, Jurek J W, Stafford E, 2009. Economic catastrophe bonds[J]. American Economic Review, 99(3): 628-666.

Dechow P M, Myers L A, Shakespeare C, 2010. Fair value accounting and gains from asset securitizations: A convenient earnings management tool with compensation side-benefits[J]. Journal of Accounting and Economics, 49(1/2): 2-25.

Dechow P M, Shakespear C, 2009. Do managers time securitization transactions to obtain accounting benefits? [J]. The Accounting Review, 84(1): 99-132.

Demarzo P, Duffie D, 1999. A liquidity-based model of security design[J]. Econometrica, 67(1): 65-99.

DeMarzo P M, 2005. The pooling and tranching of securities: A model of informed intermediation[J]. The Review of Financial Studies, 18(1): 1-35.

Demiroglu C, James C, 2012. How important is having skin in the game? originator-sponsor affiliation and losses on mortgage-backed securities[J]. The Review of Financial Studies, 25(11): 3217-3258.

Dou Y W, 2021. The spillover effect of consolidating securitization entities on small business lending[J]. The Accounting Review, 96(5): 207-229.

Dou Y W, Liu Y J, Richardson G, et al, 2014. The risk-relevance of securitizations during the recent financial crisis[J]. Review of Accounting Studies, 19(2): 839-876.

Dou Y W, Ryan S G, Xie B Q, 2018. The real effects of FAS 166/167 on banks' mortgage approval and sale decisions [J]. Journal of Accounting Research, 56(3): 843-882.

Dou Y W, Xu Z X, 2021. Bank lending and corporate innovation: Evidence from SFAS 166/167[J]. Contemporary Accounting Research, 38(4): 3017-3052.

Downing C, Jaffee D, Wallace N, 2009. Is the market for mortgage-backed securities a market for lemons? [J]. The Review of Financial Studies, 22(7): 2457-2494.

Drucker S, Puri M J, 2009. On loan sales, loan contracting, and lending relationships[J]. The Review of Financial Studies, 22(7): 2835-2872.

Efing M, Hau H, 2015. Structured debt ratings: Evidence on conflicts of interest[J]. Journal of Financial Economics, 116(1): 46-60.

Ertan A, Loumioti M, Wittenberg-Moerman R, 2017. Enhancing loan quality through transparency: Evidence from the European central bank loan level reporting initiative [J]. Journal of Accounting Research, 55(4): 877-918.

Flynn S J Jr, Ghent A C, Tchistyi A, 2020. Informational efficiency in securitization after dodd-frank[J]. The Review of Financial Studies, 33(11): 5131-5172.

Franke G, Herrmann M, Weber T, 2012. Loss allocation in securitization transactions[J]. Journal of Financial and Quantitative Analysis, 47(5): 1125-1153.

Frenkel S, 2015. Repeated interaction and rating inflation: A model of double reputation [J]. American Economic Journal: Microeconomics, 7(1): 250-280.

Fuster A, Vickery J, 2015. Securitization and the fixed-rate mortgage[J]. Review of Financial Studies, 28(1): 176-211.

Gande A, Saunders A, 2012. Are banks still special when there is a secondary market for loans? [J]. The Journal of Finance, 67(5): 1649-1684.

Gennaioli N, Shleifer A, Vishny R W, 2013. A model of shadow banking[J]. The Journal of Finance, 68(4): 1331-1363.

Gerardi K S, Rosen H S, Willen P S, 2010. The impact of deregulation and financial innovation on consumers: The case of the mortgage market[J]. The Journal of Finance, 65(1): 333-360.

Ghent A C, Torous W N, Valkanov R I, 2019. Complexity in structured finance[J]. The Review of Economic Studies, 86(2): 694-722.

Gorton G, Pennacchi G, 1990. Financial intermediaries and liquidity creation[J]. The Journal of Finance, 45(1): 49-71.

Gorton G B, Pennacchi G, 1991. Security baskets and index-linked securities. In: National Bureau of Economic Research Cambridge, Mass., USA.

Griffin J, Lowery R, Saretto A, 2014. Complex securities and underwriter reputation: Do reputable underwriters produce better securities? [J]. Review of Financial Studies, 27(10): 2872-2925.

Griffin J M, Nickerson J, Tang D Y, 2013. Rating shopping or Catering? An examination of the response to competitive pressure for CDO credit ratings[J]. Review of Financial Studies, 26(9): 2270-2310.

Griffin J M, Tang D Y, 2012. Did subjectivity play a role in CDO credit ratings? [J]. The Journal of Finance, 67(4): 1293-1328.

Han J, Park K, Pennacchi G, 2015. Corporate Taxes and securitization[J]. The Journal of Finance, 70(3): 1287-1321.

He J, Qian J, Strahan P E, 2011. Credit ratings and the evolution of the mortgage-backed securities market[J]. American Economic Review, 101(3): 131-135.

He J J, Qian J Q, Strahan P E, 2012. Are all ratings created equal? the impact of issuer size on the pricing of mortgage-backed securities[J]. The Journal of Finance, 67(6): 2097-2137.

He J J, Qian J Q J, Strahan P E, 2016. Does the market understand rating shopping? predicting MBS losses with initial yields [J]. Review of Financial Studies, 29 (2): 457-485.

Irani R M, Meisenzahl R R, 2017. Loan sales and bank liquidity management: Evidence from a U. S. credit register[J]. The Review of Financial Studies, 30(10): 3455-3501.

James C, 1988. The use of loan sales and standby letters of credit by commercial banks[J]. Journal of Monetary Economics, 22(3): 395-422.

Jiang J X, Wang I Y, Wang K P, 2018. Revolving rating analysts and ratings of mortgage-backed and asset-backed securities: Evidence from LinkedIn[J]. Management Science, 64(12): 5832-5854.

Jiang W, Nelson A A, Vytlacil E, 2014. Securitization and loan performance: Ex ante and ex post relations in the mortgage market[J]. Review of Financial Studies, 27(2): 454-483.

Keys B J, Mukherjee T, Seru A, et al, 2009. Financial regulation and securitization: Evidence from subprime loans[J]. Journal of Monetary Economics, 56(5): 700-720.

Keys B J, Mukherjee T, Seru A, et al, 2010. Did securitization lead to lax screening? evidence from subprime loans[J]. Quarterly Journal of Economics, 125(1): 307-362.

Keys B J, Seru A, Vig V, 2012. Lender screening and the role of securitization: Evidence from prime and subprime mortgage markets[J]. Review of Financial Studies, 25(7): 2071-2108.

Kruger S, 2018. The effect of mortgage securitization on foreclosure and modification[J]. Journal of Financial Economics, 129(3): 586-607.

Landsman W R, Peasnell K V, Shakespeare C, 2008. Are asset securitizations sales or loans? [J]. The Accounting Review, 83(5): 1251-1272.

Lemmon M, Liu L X, Mao M Q, et al, 2014. Securitization and capital structure in nonfinancial firms: An empirical investigation[J]. The Journal of Finance, 69(4): 1787-1825.

Lockwood L J, Rutherford R C, Herrera M J, 1996. Wealth effects of asset securitization [J]. Journal of Banking & Finance, 20(1): 151-164.

Loutskina E, 2011. The role of securitization in bank liquidity and funding management [J]. Journal of Financial Economics, 100(3): 663-684.

Loutskina E, Strahan P E, 2009. Securitization and the declining impact of bank finance on loan supply: Evidence from mortgage originations[J]. The Journal of Finance, 64

(2): 861-889.

Maskara P K, 2010. Economic value in tranching of syndicated loans[J]. Journal of Banking & Finance, 34(5): 946-955.

Mian A, Sufi A, 2009. The consequences of mortgage credit expansion: Evidence from the U. S. mortgage default crisis[J]. The Quarterly Journal of Economics, 124(4): 1449-1496.

Nadauld T D, Sherlund S M, 2013. The impact of securitization on the expansion of subprime credit[J]. Journal of Financial Economics, 107(2): 454-476.

Nadauld T D, Weisbach M S, 2012. Did securitization affect the cost of corporate debt? [J]. Journal of Financial Economics, 105(2): 332-352.

Neilson J J, Ryan S G, Wang K P, et al, 2022. Asset-level transparency and the (E) valuation of asset-backed securities[J]. Journal of Accounting Research, 60(3): 1131-1183.

Nijskens R, Wagner W, 2011. Credit risk transfer activities and systemic risk: How banks became less risky individually but posed greater risks to the financial system at the same time[J]. Journal of Banking & Finance, 35(6): 1391-1398.

Niu F F, Richardson G D, 2006. Are securitizations in substance sales or secured borrowings? capital-market evidence[J]. Contemporary Accounting Research, 23(4): 1105-1133.

Opp C C, Opp M M, Harris M, 2013. Rating agencies in the face of regulation[J]. Journal of Financial Economics, 108(1): 46-61.

Piskorski T, Seru A, Vig V, 2010. Securitization and distressed loan renegotiation: Evidence from the subprime mortgage crisis[J]. Journal of Financial Economics, 97(3): 369-397.

Piskorski T, Seru A, Witkin J, 2015. Asset quality misrepresentation by financial intermediaries: Evidence from the RMBS market[J]. The Journal of Finance, 70(6): 2635-2678.

Rajan U, Seru A, Vig V, 2015. The failure of models that predict failure: Distance, incentives, and defaults[J]. Journal of Financial Economics, 115(2): 237-260.

Chen W, Liu C C, Ryan S G, 2008. Characteristics of securitizations that determine issuers' retention of the risks of the securitized assets[J]. The Accounting Review, 83(5): 1181-1215.

Ryan S G, Tucker J W, Zhou Y, 2016. Securitization and insider trading[J]. The Accounting Review, 91(2): 649-675.

Shivdasani A, Wang Y H, 2011. Did structured credit fuel the LBO boom? [J]. The Journal of Finance, 66(4): 1291-1328.

Skreta V, Veldkamp L, 2009. Ratings shopping and asset complexity: A theory of ratings inflation[J]. Journal of Monetary Economics, 56(5): 678-695.

Titman S, Tsyplakov S, 2010. Originator performance, CMBS structures, and the risk of commercial mortgages[J]. The Review of Financial Studies, 23(9): 3558-3594.

Uhde A, Michalak T C, 2010. Securitization and systematic risk in European banking: Empirical evidence[J]. Journal of Banking & Finance, 34(12): 3061-3077.

Vermilyea T A, Webb E R, Kish A A, 2008. Implicit recourse and credit card securitizations: What do fraud losses reveal? [J]. Journal of Banking & Finance, 32(7): 1198-1208.

Wang Y H, Xia H, 2014. Do lenders still monitor when they can securitize loans? [J]. Review of Financial Studies, 27(8): 2354-2391.

Wong M, 2018. CMBS and conflicts of interest: Evidence from ownership changes for servicers[J]. The Journal of Finance, 73(5): 2425-2458.

ESG 研究综述：驱动力、收益与风险

罗 妍

罗妍：复旦大学管理学院财务金融系教授、博士生导师。研究领域包括行为金融、公司财务、资产定价等，在 Managment Science、Review of Accounting Studies、Journal of Banking and Finance、Journal of Corporate Finance 等十余本国际顶级及重要期刊上发表论文。主持国家自然科学基金、上海市晨光计划、上海市浦江人才计划等十多项纵向及横向课题。担任十余本 SSCI 期刊匿名评审、国家自然科学基金通讯评审、香港研究资助局（RGC）研究基金外部评审等。

在传统金融、财务学框架之下，投资者对企业的评估主要围绕其基本面表现展开，包括经营和生产情况、营业收入、盈利能力、现金流变化、财务杠杆水平等。近年来获得越来越多投资者关注的 ESG 投资有别于传统投资，并非以追求财务收益为唯一决策标准，而是倡导企业在经营过程中能够给社会各参与方带来长期、可持续的回报。ESG 由环境（Environmental）、社会（Social）和公司治理（Governance）三个英文单词的首字母缩写合成，用这三方面非财务指标衡量企业是否具备足够的社会责任感。以 ESG 为导向的投资也被称为可持续的社会责任投资，强调社会可持续发展的理念，倒逼企业重塑更加健康可持续的业务模式。

ESG 将市场投资者的关注点从单纯的财务汇报拓展至更为广泛的社会影响，注重可持续发展以及社会各方的长远利益。随着全球对环境污染、资源枯

竭、食品安全以及社会冲突等问题关注度的日益提升，ESG也受到越来越多市场参与者的关注，在发达国家已经成为主流的投资观念之一。据联合国责任投资原则组织（UNPRI）的统计，全球ESG投资规模在2020年已经达到100万亿美元左右，相较于2006年的不足7万亿美元增长了14倍。汤森路透（Thomson Reuters）、明晟指数（MSCI）、彭博（Bloomberg）等都推出了ESG的评价指标，对企业在环境、社会和公司治理方面的表现进行打分，并形成企业的ESG评级，为ESG投资提供支持。这些评价体系也显示了投资者在进行ESG投资时关注的企业行为。ESG评价指标如表1。

表1 主流机构ESG评价指标[①]

ESG评价	汤森路透	明晟指数	彭博
环境（E）	资源使用	气候变化	碳排放
	排放	自然资源	气候变化
	创新	污染与浪费	污染
		环境机会	废物处理
			可再生能源
			资源枯竭
社会（S）	劳动力	人力资本	供应链
	人权	产品责任	歧视
	社区	利益相关者冲突	政治贡献
	产品责任	社会机会	多元化
			人权
			社区关系
公司治理（G）	管理层	公司治理	累积投票制
	股东	公司行为	高管报酬
	企业社会责任（CSR）策略		股东权利
			收购防御措施
			分级董事会
			独立董事
关键维度和子维度	186	34	>120

[①] 表格来源：Boffo, R. 和 R. Patalano（2020），"ESG Investing：Practices, Progress and Challenges"，OECD Paris，www.oecd.org/finance/ESG-Investing-Practices-Progress-and-Challenges.pdf

ESG投资在我国发展起步较晚,但已经受到政府以及市场参与者的高度重视。2020年9月,习主席宣布我国将力争在2030年前实现碳达峰、2060年前实现碳中和的目标。践行ESG理念、构建可持续及绿色资本市场已经成为我国当前经济社会发展面临的新要求。根据商道融绿的统计,当下我国ESG投资的主要类型包括绿色信贷、可持续证券、可持续股权投资以及绿色产业基金。其中,可统计绿色信贷余额11.55万亿元人民币,泛ESG公募证券基金规模1 209.72亿元人民币,绿色债券发行总量1.16万亿元人民币,社会债券发行总量7 827.76亿元人民币,绿色产业基金实际出资规模976.61亿元人民币。见图1。

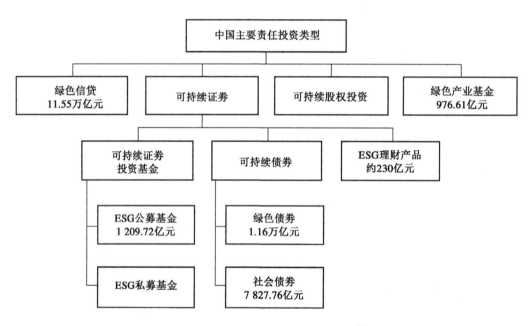

图1 我国ESG投资主要类型及规模[①]

ESG受到市场各方的广泛关注:对于企业而言,ESG的推行影响企业的经营,进而影响其股票、债券的定价和风险;对于投资者而言,所投企业的ESG表现可能通过影响企业经营而影响他们的投资收益和风险。对于机构投资者而言,厘清ESG带来的影响尤为重要:ESG不仅可能影响他们所投企业的财

---

① 图片来源:商道融绿,《中国责任投资年度报告2020》

务表现以及风险,并且可能通过企业的外部效应影响整个经济体系,进而影响他们整体投资组合的表现(Hoepner,Oikonomou,Sautner,Starks 和 Zhou,2021)。分析伴随 ESG 而来的各类影响有助于机构投资者更好地分析、筛选投资标的,并且在投资过程中督促所投企业进行经营方面的调整,进一步完善 ESG 投资生态环境。

ESG 投资引起了学术界的广泛关注,大量学者从不同维度对 ESG 投资进行了探讨,包括 ESG 投资的驱动因素以及其给企业、相应投资者带来的业绩、风险方面的影响。下文对这些研究进行了归纳以及简要介绍。

一、ESG 发展驱动力和影响因素

ESG 在全球不同国家或区域的发展程度之间存在较大差异,引发了学者们对其发展驱动力的探讨。Cai,Pan 和 Statement(2016)分析了全球 36 个国家 2 600 家企业的社会责任评分,发现企业社会责任表现最主要的驱动力来自国家或区域层面的因素,如经济发展阶段等。例如,以最低 1 分最高 7 分来评价企业的社会责任表现,他们发现在 2006—2011 年这一样本时间段内,芬兰企业的社会责任得分中位数为 5 分,而中国企业的得分中位数只有 2 分,这一差异与两国所处的经济发展阶段有关:发达国家企业的社会责任得分普遍高于发展中国家企业的社会责任得分。这一差异也不难理解,因为企业的社会责任表现与社会中的主要群体的需求息息相关,而发展中国家相较于发达国家可用于满足高层次需求——如洁净的空气、安全的工作环境等——的资源较为有限。以中国为例,随着经济的发展和人均收入的提升,近几年不论是国家层面还是民众对于企业社会责任的要求都在逐步提升,促使企业在经营过程中更加注重其给环境、社会带来的影响。

此外,Cai,Pan 和 Statement(2016)还发现企业社会责任与所在经济体的文化以及制度背景有关。例如若当地长期以来较为关注人与自然的和谐而非强调对自然的改造、更加关注社会平等、崇尚平等自由,则企业的社会责任感较高,ESG评分一般而言较高。见图2。

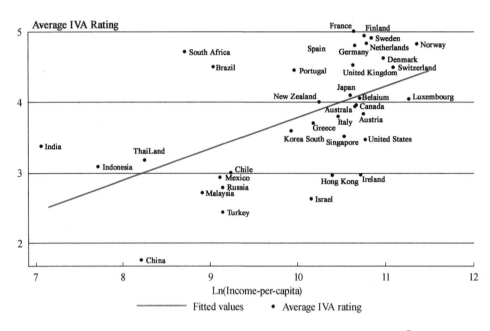

图2 企业社会责任得分(IVA)与所在经济体人均收入之间关系[①]

另一些研究则关注企业层面的特征与ESG表现之间的关系,包括企业自身特性或者董事会、高管的特性。Borghesi,Houston和Naranjo(2014)发现大公司、有充裕自由现金流的公司以及广告支出较多的公司更加在乎企业的社会责任。这一发现与大众认知相符,因为大公司和现金流充沛的公司更有资源进行社会责任方面的投入;而高营销支出的公司更需要在公众面前树立正面的形象,促使他们进行更多社会责任方面的投入。此外,他们发现当CEO为女性时,企业更愿意进行社会责任方面的投入。而媒体的关注在促进企业提升社会责任方面也具备显著的作用:当媒体对于企业或者CEO的关注度越高,企业进行的社会责任方面的投入更大、社会责任表现更优。

高管性别与企业社会责任表现及投入在文献中已有广泛的探讨。相关文献一般认为,相较于男性,女性天然地对于社会议题更加关注,在权衡财务收益与社会责任时会赋予后者相对高的权重。McGuinness,PauloVieito和

[①] 图片来源:Cai,Pan和Statement(2016),Figure 1.

Wang（2017）分析了中国上市企业的社会责任，发现当企业管理层为女性主导时，企业社会责任表现更好；而当企业管理层以及董事会均由女性主导时，企业的社会责任表现进一步提升。Cronqvist 和 Yu（2017）进一步指出，即便企业的 CEO 为男性，若他们有女儿，则他们对待社会责任的态度也会更多受到女性视角的影响，会更加把女性对于社会责任方面的关注融入他们的决策过程，从而提升企业的社会责任投入以及表现。具体地，他们发现 CEO 有女儿的上市公司在社会责任方面的得分与样本企业中位数相比高出 9.1%，且这类上市公司每年在企业社会责任方面的投入占企业净利润的比率与样本企业中位数相比高出 10.4%。这些结果在控制了企业所在行业、企业本身以及 CEO 自身特性之后依然稳健。

此外，CEO 的年龄以及过度自信程度也被认为是影响企业社会责任表现的重要因素。Borghesi，Houston 和 Naranjo（2014）基于美国数据的分析发现，年轻的 CEO 更注重提升企业的社会责任表现。McCarthy，Oliver 和 Song（2017）则发现 CEO 的过度自信程度与企业的社会责任投入呈现反比，并提出这一关系可能与企业社会责任表现对企业经营状况所起到的对冲作用（hedging）有关。企业社会责任帮助企业积累"道德资本"（moral capital），道德资本越雄厚的企业在遇到有损经营表现的负面事件时，更容易得到投资者的谅解，这一"对冲"作用也是企业进行社会责任投入的动力之一。但当管理层过度自信程度较高时，他们往往高估企业的经营状况而低估潜在的风险，因此进行社会责任投入的倾向较低。

企业社会责任与机构持股之间的相互作用也引发了较多的讨论。例如，Hong 和 Kacperczyk（2009）提出，受到社会规范制约较大的机构投资者——如养老金——更加看重所投资企业的社会责任表现。另有许多研究发现，当企业的社会责任表现不佳时，机构投资者投资此类企业的意愿较低或者投资的期限较短（如 Chava，2014 等）。Starks，Venkat 和 Zhu（2017）发现，机构投资者对于企业 ESG 的偏好与其投资期限有关。投资期限较长的机构投资者偏好ESG表现好的企业,它们对这类企业的投资也更为耐心:即使这类企业遭遇了负面信息或者股价表现不尽如人意,它们也不急于出售。Nofsinger,Sulaeman和Varma(2019)指出,机构投资者有意降低对于ESG得分较低企业的持仓,因为这类企业的下行风险较高,表现为它们股价收益率的高偏度以及高破产、退市风险。

上述研究认为企业的社会责任表现影响机构的投资倾向,而Tao,Hui和Chen(2020)则进一步分析机构投资者持股如何反作用于企业的社会责任表现。他们发现,当企业的机构持股由于外部冲击——例如由于企业被纳入股指——导致提升,企业社会责任表现也将随之改善。他们提出,机构投资者有多方面的动力促使所投企业提升社会责任表现,例如:随着个人投资者对企业社会责任关注的日益提升,改善所投企业的社会责任表现有助于机构投资者吸引更多的社会资本;通过提升ESG表现,被投企业可以更好地规避由于外部性带来的风险(例如负外部性导致的监管风险),进而使得机构投资者可以降低自身的投资风险。

二、企业ESG表现与企业经营及投资收益

ESG对企业经营的影响将直接影响ESG投资者的投资表现,因此是市场参与者最关注的问题之一,但对于这一问题目前学术界中还存在一定的争议。早年的研究提出企业社会责任表现与企业价值呈现负关系,且可能引发代理问题,进一步损害ESG投资者利益;而近年来越来越多的研究提出了相反的观点,认为积极承担社会责任有助于提升企业的价值、改善经营状况,并为ESG投资者带来更好的投资收益。

Hong和Kacperczyk(2009)研究社会行为准则(social norm)对股票收益率的影响。他们发现,原罪股(sin stock)——如烟酒、赌博行业的企业——因为从事的经营活动与社会行为准则不符,它们的股票容易受到投资者冷落。由于被投资者有意规避,这类股票不得不在市场中以折价进行交易,导致它们

的估值水平较低：以市值账面比这个指标来衡量估值的话，原罪股的估值水平与其他可比股票相比低了15%~20%。由于估值较低，虽然投资原罪股股票有悖于社会行为准则，却可以给投资者带来较高预期回报。该研究对美国1965—2006年期间的股市数据进行分析，发现如果买入一个由原罪股构成的组合，这个组合在样本期间收益率远超过可比的股票组合，平均的月度超额收益到达0.29%。另有一些研究则提出企业的社会责任行为可能带来新的委托代理问题。Masulis和Reza（2015）分析了企业慈善性捐款——体现企业社会担当的行为——对企业价值的影响。他们发现，企业的慈善性捐款可能伴随着委托代理问题，如企业管理层可能通过向特定的关联方进行捐赠等方式谋取私利。而由于投资者担忧管理层通过慈善捐赠的方式以企业资源换取个人利益，随着企业捐赠行为的提升，投资者对公司所持现金的估值降低。

但也有许多研究观点与上述研究相悖，认为企业社会责任有助于提升企业价值、提高ESG投资者的投资收益。Deng，Kang和Low（2013）以兼并收购为研究对象，发现与社会责任表现较差的公司相比，社会责任表现较好的公司在进行收购过程中失败概率较低、收购成功所需花费时间较短、并且宣布收购之后获得的市场反应更为积极，表现为更高的并购宣告日收益率、并购之后更好的财务业绩以及更高的股价长期收益率。Tang和Zhang（2020）对2007—2017年十年间28个国家企业发行绿色债券之后的市场反应进行了分析。绿色债券是以改善环境、提升社会福祉为目的的金融工具，其所募集的资金将被用于诸如降低废气排放、污水治理、倡导使用可再生能源等特定的环境相关项目，因此绿债发行是体现企业社会责任的一个重要方面。Tang和Zhang（2020）发现，企业发行绿债之后企业股价普遍上涨，且这一效应主要是由于绿债的发行提升了投资者对该企业的关注：绿债发行之后企业的Google搜索频次、股票的流动性、机构持股均显著提升。因此，他们提出企业的绿债发行有利于现有股东——包括以ESG为导向的投资者。

图3、4均来自Tang和Zhang（2020）的研究。图3显示了在绿债发行前

后,发行企业股价的累计超额收益率:以 CAPM 进行调整之后,绿债发行前后 20 天内企业股价的超额收益率达 1.8% 左右。图 4 以苹果公司为例,绘制了其在 2016 年 2 月 16 日以及 2017 年 6 月 13 日两次宣布发行绿债之后,"苹果绿色债券"(Apple Green Bond)的 Google 搜索频次,两次搜索频次的大幅跳跃验证了投资者对其关注的提升。

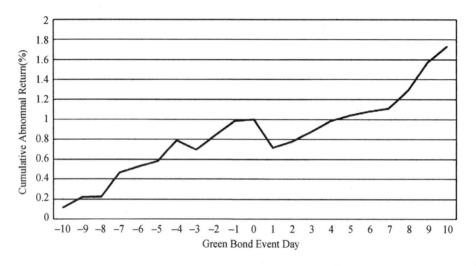

图 3　股票市场对企业发行绿债的反应①

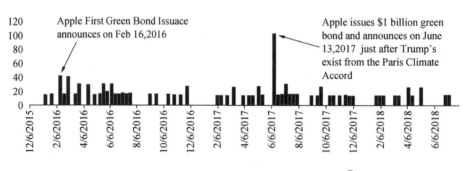

图 4　苹果公司发行绿债前后 Google 搜索频次②

Flammer(2015)分析了企业通过或否决社会责任相关议案之后的股价以及经营业绩的变化,并特意比较了通过或否决此类议案票数非常接近的企业,即构建准自然实验(quasi-natural experiment)来检验该类议案通过与否对企

---

① 图片来源:Tang 和 Zhang(2020),Figure 4。
② 图片来源:Tang 和 Zhang(2020),Figure 3 Panel A。

业股价和经营的影响,结果如图5所示。图中纵轴刻画企业在对社会责任议案进行投票表决当日的股价超额收益率,横轴刻画同意通过的票数超过众数的比例:即在"0"右侧的观测值为通过了相关议案的企业,左侧的观测值为否决了相关议案的企业。可以看到,在0附近,即企业社会责任议案以小比例通过或以小比例被否决的公司,它们在表决日的股价超额收益率存在显著的差异:以小比例通过此类议案的企业股价超额收益率明显向上跳跃,而小比例否决此类议案的企业股价收益率明显下跌。这一结果验证,市场投资者关注企业的社会责任表现,并对此做出积极反应。Flammer(2015)进一步提出,通过社会责任相关议案的企业在表决日股价的显著上涨可能源自投资者对这类企业后续经营业绩改善的预期,而数据分析也揭示这类企业在议案通过之后生产力和销售增长均有显著提升。

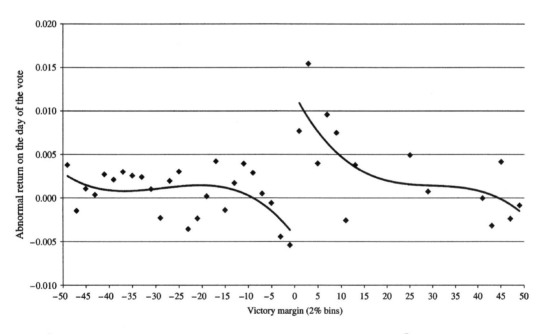

图5 企业社会责任议案表决情况与股价超额收益率①

Flammer(2021)分析了企业发行绿色债券之后的股价表现。与Tang和Zhang(2020)的结论,类似,她也发现企业发行绿债之后,股价出现显著上涨;

---

① 图片来源:Flammer(2015),Figure 3.

且如果企业是第一次发行绿债,或者发行的绿债被独立第三方进行了认证,则股价的上涨更为明显。结果揭示了资本市场投资者对企业社会责任表现的积极反应,也验证优越的社会责任表现有助于提升企业的价值,为企业的投资者带来更好的收益。

三、企业 ESG 表现与企业经营及投资者风险

另一个投资者普遍关注的问题的是以 ESG 为导向的投资是否会带来额外的风险。对于这一问题,目前的研究结果总体支持 ESG 投资有助于降低投资风险,但也有少部分研究认为 ESG 对投资风险并不产生显著影响。

Albuquerque,Koskinen 和 Zhang(2019)提出,企业可以战略性地利用其优越的社会责任表现将自身与同行业的其他公司进行区分,从而提升客户忠诚度、提升议价能力并降低所提供商品或服务的价格需求弹性。因此,这样的企业即使遇到较大的系统性风险冲击,由于高客户粘性以及低产品价格需求弹性,它们的盈利受到的影响较小,即企业社会责任表现越好,则股价的系统性风险越低。他们的实证分析结果也验证了企业的社会责任表现与股价系统性风险呈现显著负相关关系:企业社会责任表现评分提升一个标准差将使得其股价的系统性风险与同类可比企业相比降低1%。进一步,他们用企业的营销支出来衡量其产品的异质性,发现产品异质性较高——表现为营销支出较高的企业——则企业社会责任表现与股价系统性风险之间的负向关系更为显著。

Seltzer,Starks 和 Zhu(2021)提出由于投资者对气候变化以及环保相关监管风险的关注,企业在环保方面的作为将影响他们所发行债券的评级以及定价。相应地,他们用不同的方式测量企业在环保方面的表现——包括 ESG 评级、废气排放量等——均发现企业的在环保方面的表现与其发行债券的评级以及定价水平正相关。作者分析,这一影响可能与监管风险有关:环保方面表现较差的企业受到环境监管所带来的负面影响的可能性较高(即环保监

管风险较高),因此市场给予它们所发行债券的评级以及定价水平都比较低,而环保方面表现优越的企业因为受到监管风险影响较小,因此评级以及定价水平均显著更高。

Hoepner,Oikonomou,Sautner,Starks 和 Zhou(2021)发现股东倡导 ESG(ESG shareholder engagement)有助于降低企业股价的下方风险(downside risk)。他们提出,倡导 ESG 的股东督促企业提升社会责任表现,从而使得企业可以规避有损企业价值的风险事件,例如因在环保方面违规受到监管或者受到消费者投诉等。大多倡导 ESG 的股东为机构投资者,股价下方风险对于这类投资者特别重要,因为它们需要将资产与负债相匹配。作者获取了一个大型机构投资者的内部数据,分析了其在 2005—2018 年间在全球 30 多个市场中 1712 次督促所投企业改善 ESG 表现的行为,发现这些行为显著降低了被投企业股价的下方风险。特别地,他们发现当股东督促被投企业改善其在环保方面的作为时,被投企业股价下方风险的降低尤为明显。

Broadstock,Chan,Cheng 和 Wang(2021)检验了在新冠疫情暴发之后,我国市场中 ESG 表现对企业的影响。他们发现,相较于 ESG 表现较差的公司,ESG 表现较好的公司在疫情期间的市场表现较好,并且股价波动性较低,即受到市场危机影响较小。

除了上述研究,诸多其他来自学界以及业界的研究或分析(如 Blackrock,2017;Fortado,2017;Jagannathan,Ravikumar 和 Sammon,2018;Ilhan,Sautner 和 Vilkov,2021)也揭示企业 ESG 表现有助于降低其自身风险从而降低投资者风险,而这一影响也是驱使投资者——特别是机构投资者——督促所投企业提升 ESG 表现的一大动力。

参考文献

Albuquerque R,Koskinen Y,Zhang C,2019. Corporate social responsibility and firm risk:Theory and empirical evidence[J]. Management Science,65(10):4451-4469.
Blackrock,2017. How BlackRock Investment Stewardship engages on climate risk.

Blackrock Market Commentary.

Broadstock D C, Chan K, Cheng L T W, et al, 2021. The role of ESG performance during times of financial crisis: Evidence from COVID-19 in China[J]. Finance research letters, 38: 101716.

Borghesi R, Houston J F, Naranjo A, 2014. Corporate socially responsible investments: CEO altruism, reputation, and shareholder interests[J]. Journal of Corporate Finance, 26: 164-181.

Boffo R, Patalano R, 2020. Esg investing: Practices, progress and challenges[J]. Éditions OCDE, Paris.

Chava S, 2014. Environmental externalities and cost of capital[J]. Management science, 60(9): 2223-2247.

Chen T, Dong H, Lin C, 2020. Institutional shareholders and corporate social responsibility[J]. Journal of Financial Economics, 135(2): 483-504.

Cai Y, Pan C H, Statman M, 2016. Why do countries matter so much in corporate social performance? [J]. Journal of Corporate Finance, 41: 591-609.

Cronqvist H, Yu F, 2017. Shaped by their daughters: Executives, female socialization, and corporate social responsibility [J]. Journal of Financial Economics, 126(3): 543-562.

Deng X, Kang J K, Low B S, 2013. Corporate social responsibility and stakeholder value maximization: Evidence from mergers [J]. Journal of financial Economics, 110(1): 87-109.

Flammer C, 2015. Does corporate social responsibility lead to superior financial performance? A regression discontinuity approach[J]. Management Science, 61(11): 2549-2568.

Flammer C, 2021. Corporate green bonds[J]. Journal of Financial Economics, 142(2): 499-516.

Fortado L, 2017. Why activists are cheerleaders for corporate social responsibility[J]. Financial Times.

Hoepner A G F, Oikonomou I, Sautner Z, et al, 2018. ESG shareholder engagement and downside risk[J].

Hong H, Kacperczyk M, 2009. The price of sin: The effects of social norms on markets [J]. Journal of financial economics, 93(1): 15-36.

Ilhan E, Sautner Z, Vilkov G, 2021. Carbon tail risk[J]. The Review of Financial Studies, 34(3): 1540-1571.

Jagannathan R, Ravikumar A, Sammon M, 2018. Environmental, social, and governance criteria: Why investors should care[J]. J. Invest. Manag, 16: 18-31.

McCarthy S, Oliver B, Song S, 2017. Corporate social responsibility and CEO confidence[J]. Journal of Banking & Finance, 75: 280-291.

Masulis R W, Reza S W, 2015. Agency problems of corporate philanthropy[J]. The Review of Financial Studies, 28(2): 592-636.

McGuinness P B, Vieito J P, Wang M, 2017. The role of board gender and foreign ownership in the CSR performance of Chinese listed firms[J]. Journal of Corporate Finance, 42: 75-99.

Nofsinger J R, Sulaeman J, Varma A, 2019. Institutional investors and corporate social responsibility[J]. Journal of Corporate Finance, 58: 700-725.

Seltzer L H, Starks L, Zhu Q, 2022. Climate regulatory risk and corporate bonds[R]. National Bureau of Economic Research.

Starks L T, Venkat P, Zhu Q, 2017. Corporate ESG profiles and investor horizons[J]. Available at SSRN 3049943.

Tang D Y, Zhang Y, 2020. Do shareholders benefit from green bonds? [J]. Journal of Corporate Finance, 61: 101427.

盈余公告漂移研究综述与现状

于李胜　谢舒仪　彭晓凤

于李胜：厦门大学管理学院会计系教授、博士生导师，曾任会计系副主任，现任管理学院副院长，中国会计学会财务成本分会副会长，上海海关学院客座教授，兼任两岸和平发展协调创新中心教授。主要研究领域为资本市场中的信息披露问题、管理控制系统等。近年来，在会计学、财务学国际权威期刊 Auditing: A Journal of Practice & Theory、Journal of Banking and Finance、China Journal of Accounting Studies 以及国内顶尖学术期刊《管理世界》《会计研究》《金融研究》《南开管理评论》等发表学术论文近 20 篇。发表在《管理世界》的论文分别被《中国经济学年鉴(2009)》和《中国经济学年鉴(2010)》收录。获 2014 年度财政部中国会计学优秀论文一等奖，中国会计学会主办的国际刊物 China Journal of Accounting Studies (CJAS) 2013 年度最佳论文奖以及福建省第八届社科三等奖。完成国家自然科学基金面上项目和教育部人文社科青年基金各 1 项。2009 年入选财政部全国会计(后备)领军人才(学术类第三期)，2011 年入选福建省新世纪优秀人才。中国会计学会高级会员、美国会计学会(AAA)会员、欧洲会计学会(EAA)会员，多次参加美国会计学会年会(AAA)和欧洲会计学会年会(EAA)及其他高水平国际研讨会。目前担任《财务研究》《管理会计学刊》《中国经济问题》等杂志的编委。谢舒仪：厦门大学管理学院硕士研究生。彭晓凤：厦门大学管理学院硕士研究生。

盈余公告后价格漂移（Post Earnings Announcement Drift，PEAD），也叫盈余惯性（Earnings Momentum），是指在盈余公告发布后，股价随着未预期盈余同向持续漂移，若未预期盈余为正，则股价持续上涨；反之，股价持续下跌。自从 Ball 和 Brown（1968）首次发现盈余公告漂移现象后（如图1），众多学者对这一现象展开了由浅入深的研究。本文在梳理盈余公告漂移相关研究的基础上，用2011—2020年数据对中国资本市场的盈余公告漂移现象进行了检验及分析。这一问题的研究对于我们理解资本市场信息和价格传导机制以及认识市场有效性都有深刻意义，同时有助于我们了解中国资本市场与国外成熟市场相比的不同特征。

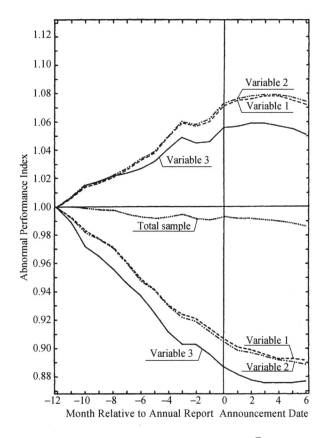

图1 不同证券组合的超常回报指数[①]

---

① 图片来源：Ball R，Brown P. An empirical evaluation of accounting income numbers[J]. Journal of accounting research，1968：159-178.

一、盈余公告漂移研究综述

学者们对盈余公告漂移现象进行了丰富的研究,不仅为 PEAD 现象的存在性及普遍性提供了实证证据,同时对其产生原因提出了多种可能的解释并加以检验。现有研究可以从信息的产生(信息不确定性)、传播(第三方信息)、接收(投资者行为)到反应(市场有效性)四个环节对 PEAD 进行解释,此外还有学者对漂移的异质性表现进行了探究(如图 2)。

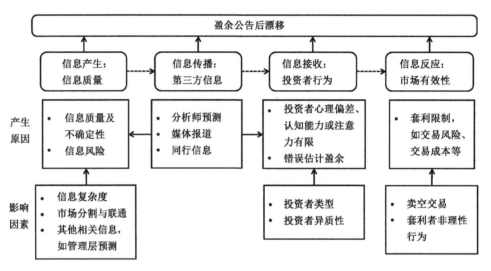

图 2 盈余公告后漂移研究综述

(一)文献回顾

1. 信息生产阶段:信息质量视角

近十多年来,有一大类文献试图从信息生产环节——信息传递的源头,来探究信息本身在 PEAD 现象中的作用,发现信息不确定性及信息不对称是 PEAD 产生的关键原因及重要影响因素。Zhang(2006)从信息不确定性的视角,研究了股票价格的短期漂移,他们将信息不确定性概述为新信息对上市公司内在价值的分歧,而这种分歧来自上市公司基本面的变化和信息质量两个方面,认为投资者的心理偏差会随着信息不确定性增加而扩大,因此投资者对信息不确定性的反应不足程度会比公开信息更为严重。在我国,于李胜和王艳艳(2006)首次研究了信息风险与 PEAD 的关系,从信息不对称理论出发,将信息不确定性视为现在与未来之间的信息不完全。信息不确定性既可以通过影响投资者未预期盈余，间接影响PEAD，同时与信息不确定性相关的信息风险，也会直接增加公司的超常收益。具体来看，信息不确定性增加时，投资者对盈余预测的准确性降低，从而增加未预期盈余；同时，信息风险的上升相应地要求更高的预期回报，从而提高了超常收益。刘寒和盛智颖（2015）考察了双盈余管理模式下信息不确定性与盈余公告后股价漂移间的关系，研究发现，信息不确定程度与未预期盈余呈正相关关系。

此后，越来越多学者试图从信息不确定性这一路径，探究PEAD的影响因素，并在不同研究场景及方法下均发现，提高信息质量可以有效缓解PEAD现象（Hung等，2015）。有学者以XBRL（可扩展商业报告语言）这一会计信息标准化措施为背景，研究发现，在中国XBRL的使用可以有效缓解信息不对称性，从而缓解PEAD（Chen等，2017；许金叶和王梦琳，2015）。反之，信息复杂度则会加剧PEAD，比如，公司结构及业务复杂性均会加剧信息复杂度，导致投资者处理信息的难度增加，从而加剧PEAD（Barinov等，2021；向诚和陈逢文，2019）。Gerard（2012）将检验样本扩大到欧洲，并使用市场相关信息来量化市场未预期程度，同样发现信息不确定性会加剧投资者的行为偏见，使得异质波动率高的股票产生更高的超常收益率及超常交易量。陆静和龚珍（2011）以中国A、H股为场景，研究了分割市场上信息不确定性对PEAD的影响，发现市场分割导致的信息不确定性会加剧投资者认知偏差，从而显著影响PEAD。而郝亚绒、董斌和刘雅珍（2021）则发现不同市场之间的联通可以缓解信息不对称程度，从而降低PEAD程度。

近年来，有学者从行业层面及公司层面对盈余信息进一步区分进行研究。Hui和Yeung（2013）发现盈余公告漂移与行业的盈余信息相关，但未发现与公司特定信息相关的证据，并提出漂移是由于投资者对行业盈余信息持续性的反应不足所致。于忠泊、田高良和曾振（2012）发现上市公司临时报告能够提高股票价格中的公司个体层面的信息含量，提高盈余信息反映到股价中的速度和程度,从而降低盈余公告后的漂移程度。

也有学者从影响信息不确定性的其他角度对 PEAD 现象展开研究。Louis 和 Sun(2011)认为公司为了平滑业绩进行的盈余管理也是造成 PEAD 的原因之一,因为经盈余管理后的公告使得市场无法及时地对未来盈余做出有效预测与反应。Louis 和 Sun(2011)研究发现,盈余公告后的向上漂移最有可能发生在向下盈余管理(即预期有重大积极变化)的公司中,而向下漂移大多在向上盈余管理的公司中发生。杜妍和王生年(2021)基于这一路径,研究了我国会计信息可比性对 PEAD 的影响,发现提高会计信息可比性可以通过抑制管理者的盈余管理行为来缓解 PEAD 现象。此外,管理层预测准确性也会影响预测信息质量,Zhang(2012)发现管理层在盈余公告中的捆绑预测以管理层事前的预测准确性为条件,对于缓解投资者信息不确定性有一定作用,从而可以降低盈余公告后的漂移幅度。

2. 信息传播阶段:第三方信息视角

盈余公告信息在传播阶段也会受到公司外部诸如分析师预测、媒体报道及同行其他公司信息的影响,这些第三方信息既会影响公司的信息披露行为及信息传播环境(Lee 等,2014),同时也会影响投资者在接收阶段对盈余公告信息的解读和后续反应(Hung 等,2015)。首先,作为资本市场上一种重要的信息中介,证券分析师对市场的有序健康发展及市场有效性的提高发挥着关键性作用(汪琼,2015),分析师报告中个股研究的覆盖面更广、预测数据更为丰富,有助于更及时地传递信息,从而更好地消除信息不对称及反映市场(王锴铭,2020)。一方面,分析师通过跟踪企业披露的各种信息,来提高市场公开信息的有用性;另一方面,分析师通过实地调研、主动参与企业活动,来向市场提供私有信息。薛祖云和王冲(2011)发现,证券分析师在盈余公告前后分别充当着信息竞争和信息补充的角色,在盈余公告前,分析师主要增加年报中尚未披露的信息,与年报存在相互竞争的关系,发挥信息竞争的作用;在盈余公告后,分析师通过解读年报中的相关信息来对年报信息进行补充,发挥信息补充的作用。除了作为信息的解读者,分析师同时也对他们所报道的公司起着监督作用,独立的分析师可以通过自己的研究向市场传播更多关于公司的特有信息(尤其是公司不愿披露的坏消息)(Xu 等,2017),通过发挥信息解读作用和监督效应,分析师可以提高企业的会计信息质量和会计信息传播速度,从而有效缓解股价漂移异象(杜妍和王生年,2021)。然而,Xu 等(2017)以中国市场为样本研究发现,当分析师出现从众行为时,他们向市场传播的关于公司的特有信息便会减少,这一羊群效应导致他们囤积来自市场的坏消息并减缓坏消息的传播,从而加剧 PEAD。也有文献研究表明,分析师和机构关注度较低的公司,近期交易量较低(Bhushan,1994;Bartov 等,2000),这些公司更容易出现较大的漂移。

此外,分析师预测的准确性既受到财务报告信息质量的影响,同时也会通过影响预测信息质量,从而影响基于分析师预测的 PEAD(Hung 等,2015)。而分析师错误的分析则在一定程度上会对投资者产生误导,使得市场不能识别盈余时间序列特征,从而导致及加剧 PEAD(Lys 和 Sohn,1990;Klein,1990;Abarbanell 和 Bernard,1992)。徐宁(2016)通过实证分析中国股市还发现,不仅分析师预测调整的数值会影响到市场对企业价值的评估,而且分析预测调整这一行为本身就会加快投资者对盈余信息的学习过程,提高投资者对企业价值评估的准确性,促使股价正向漂移。因此,Lee 等(2014)指出,通过加强对审计师及分析师的监管可以改善公司的信息环境,从而减少错误定价,缓解PEAD,且这一改善在信息不确定性高的公司中更为明显。

其次,媒体报道也是一种信息中介及有效的资本市场监督工具,既会影响盈余公告信息的传播,也会影响投资者情绪及关注度,从而影响投资者对盈余信息的接收及反应,同时也会给管理者带来市场压力,从而影响 PEAD。大量研究均发现,正面的新闻报道会提高公司的市场价值,并引起股价的上升(Gurun 和 Butler,2012;游家兴和吴静,2012)。Nguyen(2015)发现媒体对企业 CEO 的正面报道也能显著地提高以托宾 Q 衡量的企业价值,媒体正面报道多的公司异常收益率最高可高于其他公司7%~8%。相反地，负面新闻报道会给公司股价带来下行压力，导致股票收益率向下漂移（Chan，2003；Tetlock，2007；Carvalho等，2011）。邵志浩和才国伟（2017）发现，媒体的正向报道能够提高股票收益，但股价之后会出现反转现象，而媒体的负面报道能够在短期内降低股票收益。于忠泊、田高良和张咏梅（2012）研究发现，媒体关注起着放大短期内盈余信息市场反应和提升长期内盈余信息传递效率的作用，且这种作用在外部市场化环境较差的地区更为显著。

媒体和分析师二者也会相互影响，共同作用于股价。黄俊和郭照蕊（2014）发现，当媒体报道增加时，更多公司层面信息会融入股票价格中，从而降低股价同步性，且这种负相关关系随分析师跟踪人数的增多而增强。吕敏康和陈晓萍（2018）研究了媒体和分析师这两种信息机制对股价信息含量的影响。研究结果表明，媒体报道能够加强分析师对上市公司已知信息的分析和解释力度，通过扩散分析师报告内容的方式来放大分析师关注对股价信息含量的增加作用。张承鹫、吴华强、才国伟和徐信忠（2021）则发现，同一家公司如果同时受到媒体正面报道与分析师乐观预测，则会导致投资者对信息的过度关注偏差，使得该股票的边际收益递减加速，从而降低其股票收益，且这一作用在市场化程度高的地区更明显。

基于行业内信息传递的途径，学者们发现同行业所有公司发布的盈余信息都或多或少地影响资本市场的信息环境，因此同行业其他公司的盈余公告也会影响公告公司盈余信息的传播，从而对PEAD产生影响。一方面，同行业公司的盈利情况具有相关性，同行的盈余公告可以辅助投资者确认目标公司的原始盈余信息，缓解信息不确定性，投资者基于分析师预测的反应不足可以得到纠正（Kovacs，2016；Baker等，2019）；另一方面，当盈余公告包含了行业层面的信息时，公告公司及同行业公司的股价会发生同向变动，即行业层面的积极（消极）信息会导致同行业里正向（负向）的漂移（Kovacs，2016）。韩德宗、陈亮和高芃勤（2009）站在未公布盈余信息的公司角度，发现同行业其他已公告公司公布的盈余信息会导致未公布盈余信息的公司发生盈余公告前漂移现象。

3. 信息接收阶段：投资者行为视角

关于信息接收阶段的研究主要从投资者对信息的解读及反应视角对 PEAD 进行解释，研究主要可以分为以下三个方面：(1) 投资者心理偏差、认知能力或注意力有限导致的过度反应(Daniel 等，1998)及反应不足(Bernard 和 Thomas，1989；Bernard 和 Thomas，1990；Barberis 等，1998；Daniel 等，1998；DellaVigna 和 Pollet，2009；Hirshleifer 等，2009)；(2) 投资者错误估计盈余，尤其是将季节盈余当成季节性随机游走，忽略了盈余时间序列相关的特征导致的偏误(Bernard 和 Thomas，1990；Barberis 等，1998；Ayers 等，2011；Cao 和 Narayanamoorthy，2012)；(3) 投资者类型(Bartov 等，2000；Ali 等，2004；Kc 和 Ramalingegowda，2005；Hung 等，2015；Chen 等，2017；Cai 等，2021)。

行为金融学理论从投资者行为视角对 PEAD 进行解释，认为投资者对信息的反应不足(或过度反应)是造成 PEAD 的重要原因。许多学者都发现了投资者在信息收集处理能力有限的情况下，对信息的关注度及注意力也受到限制，导致对盈余公告信息反应不足(Bernard 和 Thomas，1989；Bernard 和 Thomas，1990；Barberis 等，1998；Daniel 等，1998；DellaVigna 和 Pollet，2009；Hirshleifer 等，2009；丁明发，2021)。而 Daniel 等(1998)基于心理偏差——投资者过度自信和自我归因的偏差，提出投资者反应过度和反应不足的理论，认为过度自信的投资者可以推动股价，造成漂移。Liang(2003)则从过度自信这一心理偏差出发，提出股价漂移程度与信息分歧度的正相关关系。此外，Ottaviani 和 Sorensen(2015)发现当受到财富效应的影响时，不同交易者的异质性先验信念会影响其对信息的反应，往往会导致二元市场中价格对信息反应不足。而鹿坪和姚海鑫(2014)构建了一个反映中国资本市场投资者心理偏差的情绪指数，研究发现投资者情绪与股票长期回报负相关，并且在投资者情绪高涨时期，盈余消息公告后股价漂移的程度更大。

关于 PEAD 的另一种解释是投资者无法正确识别盈余的时序特征

(Bernard 和 Thomas，1990；Bartov，1992；Ayers 等，2011；Cao 和 Narayanamoorthy，2012）。Bernard 和 Thomas（1990）认为，投资者将季节盈余当作季节性随机游走，然而这个过程并非随机游走，而是服从一阶差分自相关的时间序列关系。这一观点也被后来的学者们所检验（Maines 和 Hand，1996；Ayers 等，2011；Cao 和 Narayanamoorthy，2012）。也有诸多学者认为市场不能识别盈余时间序列特征在一定程度上是由分析师错误的分析导致的（Lys 和 Sohn，1990；Klein，1990；Abarbanell 和 Bernard，1992）。基于这一解释，Cao 和 Narayanamoorthy（2012）探究了事前收益波动对 PEAD 的影响，并发现 PEAD 是未预期收益的大小和持续性的函数。他们检验发现收益波动会对 SUE (Standardized Unexpected Earnings)自相关产生影响（"波动效应"），而市场对这种"波动效应"反应不足，从而影响了 PEAD 的异常收益，且波动率越高，异常收益率越低。

20 世纪 90 年代末起，学者们开始从投资者类型视角对 PEAD 的产生及影响因素展开研究，Bernard 和 Thomas（1990）、Bhushan（1994）认为 PEAD 是由不成熟的投资者导致的，他们信息处理及分析能力有限，且未能识别出当前盈余对未来的影响。相较个人投资者，成熟的机构投资者具有信息收集和处理的优势，可以提高信息效率，因此通常能比散户更准确地预计企业的盈利情况并做出反应（Bartov 等，2000；Ali 等，2004；Ke 和 Ramalingegowda，2005；于李胜，2006；Hung 等，2015），从而一定程度上可以缓解 PEAD。但张肖飞（2012）研究发现，个人投资者的交易行为并不是盈余公告后漂移的原因，即无论未预期盈余为正或为负，个人投资者均没有表现出显著的买入或卖出行为。另外，近年来有部分学者研究发现，并非所有机构投资者都是成熟的理性投资者，尤其是在新兴市场中，不少机构投资者更关注短期收益，羊群效应较为普遍，使得机构投资者的角色偏离提高信息效率的方向，甚至加剧 PEAD(Chen 等，2017；Cai 等，2021）。

4. 信息反应阶段：市场有效性视角

投资者在对信息进行反应的过程中，会受到市场有效性的影响，从而导致价格存在滞后,不能及时有效地反映盈余信息。也有部分学者从信息反应阶段入手进行研究,认为PEAD可能代表一种对信息反应的滞后性,是对市场有效性的挑战(Frazzini,2006;Grinblatt和Han,2005;谭伟强,2013)。根据有效市场假说,理性投资者可以通过套利纠正市场的价格偏差,但风险及交易成本的存在可能会限制套利,从而阻碍市场对盈余信息的快速反应(Shleifer和Vishny,1997;Ke和Ramalingegowda,2005)。Bhushan(1994)研究发现盈余公告漂移大小与交易成本正相关,提出PEAD的持续性是源于专业化投资者的套利限制。此外,Milian(2015)研究发现,类似不成熟投资者的行为偏差,不成熟的套利者的非理性行为也会干扰套利过程,从而加剧盈余公告漂移。但Kothari(2001)认为,从交易成本和投资者的成熟度来解释PEAD现象是不够的,因为很多市场参与者可能会利用市盈率在公布日前出现的大波动导致的错误定价,也有很多市场参与者出于其他原因从事类似股票的交易,利用这种漂移的边际交易成本预计很小。而风险误判也不太可能解释这种漂移,因为这种漂移存在季节性特征且集中在盈余公告前后几天内。在中国市场,学者们也提供了相似的证据,肖争艳和高荣(2015)发现卖空交易可以提升股价的信息效率、降低盈余公告后股价盈余漂移程度;但交易风险、成本限制造成套利限制,影响定价偏误及PEAD(孔东民,2008)。黄洋、李宏泰、罗乐和唐涯(2013)在中国融资融券的制度背景下,以第一批可以融资融券的90只股票为样本,以盈余公告漂移异象为研究标的检验了融资融券退出对市场价格发现的影响作用。文章发现,融资融券是除了套利手段之外另一种影响价格反应的方式,它使得投资者有更多的选择和手段对市场信息做出及时反应,从而可以缓解价格反应的滞后性,减弱PEAD(如图3,横坐标表示盈余公告时间前后天数,纵坐标表示收益率,下同)。

5. 研究方法的改进

此外,还有部分学者试图通过改进研究方法来进一步探究PEAD。陆婷(2012)在定价模型中加入系统性定价偏误因子,发现中国资本市场上存在无

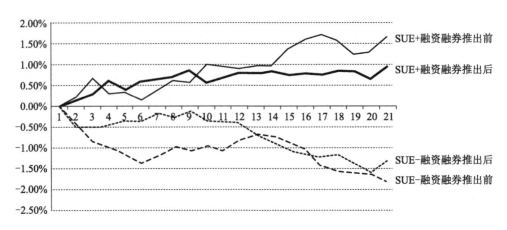

图3 融资推出前后证券组合PEAD情况①

法被套利者消除的系统性偏误,提出尽管套利者可以消除特质性定价偏误,缓解PEAD,但无法彻底消除PEAD。文章指出,中国股票市场上的PEAD现象可能由系统性定价偏误导致,故有必要将其引入定价模型来对盈余预期做出估计,提升模型对PEAD的解释力。Liang等(2021)则利用机器学习方法,基于盈利预测文本建立预测模型,并通过机器反复训练及动态校准参数,从而输出盈余预测结果,为PEAD研究的度量提供了一种全新的方法与模型。

(二)文献评述

综上所述,国内外现有关于PEAD的研究从多个角度展开,取得了较丰富的成果,但仍存在以下不足:

(1)关于PEAD的形成机理及影响因素缺乏一个系统的理论框架。现有关于PEAD的研究从信息产生、传递到反应不同阶段的角度各自展开,实际上信息的生产、接收到反应阶段是环环相扣、相互联系的,但现有的研究相对独立与割裂,缺乏一个系统有机的分析框架来解释PEAD的形成及影响因素。现有部分研究结论之间甚至互相矛盾,未形成统一的理论分析框架来对PEAD进行更系统全面的解释。

---

① 图片来源:黄洋,李宏泰,罗乐,唐涯.融资融券交易与市场价格发现——基于盈余公告漂移的实证分析[J].上海金融,2013(02):75-81.

(2) 关于盈余公告前漂移的研究较少,忽略了盈余公告前漂移的可能性以及与公告后漂移的联系。Foster 等(1984)和 Bernard 和 Thomas(1989)较早发现了盈余公告前漂移现象,在盈余公告前 60 个交易日内股价便已经提前异动,然而现有文献中关于盈余公告前漂移的研究较少,在 PEAD 研究中也存在忽视盈余公告前股价异动的问题。

二、中国盈余公告漂移现象现状与研究

(一)中国盈余公告漂移现象研究

近年来,学者们对中国 PEAD 的具体表现形态进行了进一步探索。大量学者发现,中国的 PEAD 在不同消息中呈现出非对称性。于李胜(2006)发现对于好消息,盈余公告后基金重仓持有股票的漂移小于非基金重仓持有的股票,对于坏消息则相反。孔东民和柯瑞豪(2007)也发现中国股市的 PEAD 在不同投资者持有情况下呈现出非对称性;但不同于于李胜(2006)的研究结果,他们发现公告发布后,机构投资者会进一步驱动好消息的价格漂移。庞晓波和呼建光(2012)则使用三因子模型对盈余公告后的预期收益进行估计,并计算了中国 2004—2010 年 A 股市场的 PEAD,发现我国股票市场的 PEAD 现象的具体形态不同于其他国家(如图 4),在盈余公告后,坏消息组的异常收益持续上升,好消息组异常收益持续下降,市场存在着买入坏消息组卖出好消息组的套利行为,这种套利行为在控制规模、成长和股权结构等因素后仍然存在,即中国股市能够利用公开发布的信息实现套利,这说明中国股票市场并没有达到半强式有效。与庞晓波和呼建光的发现不同,刘寒和盛智颖(2015)将标准化未预期盈余分为好坏消息两组,选取 2003—2013 年样本,运用事件研究法对中国股票市场的 PEAD 现象进行描述性统计,发现好消息组的异常收益持续上升,而坏消息组的异常收益下降,且市场对好消息的反应在时间轴上较为缓和,而对坏消息呈现异质非均匀反应(如图 5)。文章结果显示,盈余公告后 20 天内,信息不确定性对未预期盈余和

PEAD均起到了非常显著的正向影响作用,操纵应计盈余管理会加重 PEAD异象,但较为隐蔽的真实盈余管理模式却无法在股价中体现差的信息质量,其负面性更明显。

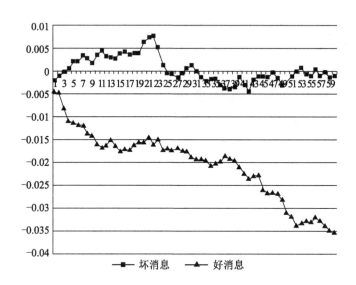

图4 好消息及坏消息组的异常收益①

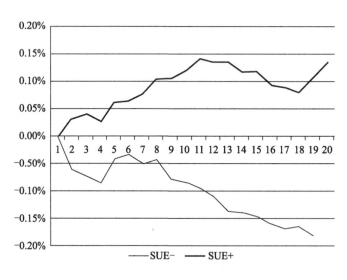

图5 基于未预期盈余的 PEAD 现象②

---

① 图片来源:庞晓波,呼建光.中国股市存在盈余公告后的价格漂移吗?[J].吉林大学社会科学学报,2012,52(4):136-143.
② 图片来源:刘寒,盛智颖.盈余公告信息不确定性与股价漂移异象——基于双盈余管理模式[J].财会月刊,2015(5):24-27.

还有学者发现,我国 PEAD 在盈余公告发布前后呈现出非对称性。李小胜(2021)以 2008—2017 年的季报、半年报和年报盈余公告信息为研究对象,利用 Fama-MacBeth 横截面回归方法研究中国 PEAD 在盈余公告前后的非对称性,发现在盈余公告前,股价倾向于对好消息反应过度,对坏消息反应不足,在盈余公告后则相反,同时作者还发现这种非对称性在不同板块之间存在明显的分化效应。作者提出这是由于公司高管为了内幕交易获利,在公告前对好消息的大肆传播以及对坏消息的选择性披露引起的,而相较于中小板及创业板,这一行为在市场环境较好的主板市场可以得到扼制。

不同类型市场中的 PEAD 表现也有所差异,张雯、张胜和陈思语(2018)基于中国 A、B 股并存这一特殊制度背景,研究了市场类型对 PEAD 的影响及机制,发现市场类型是影响 PEAD 的重要因素。文章引入市场类型的三个替代变量信息噪音、投机动机、投资需求来有效解释分割市场间的 PEAD 现象,研究发现,A 股市场的信息噪音、投机动机和投资需求均大于 B 股市场,而这三方面差异则直接正向影响累计超额收益,最终导致 A 股表现出更强的 PEAD。

(二) 中国盈余公告漂移现状

为探究中国 PEAD 现象的现状,本文使用 CSMAR 数据库中的 A 股数据,采用市场指数法计算我国 A 股公司 2011—2020 年的年报盈余公告日前后 30 日内的股票累计异常收益(CAR),并参考以往学者的不同做法计算出标准化未预期盈余(SUE)[①],以对信息进行分类;我们也对行业进行了进一步区分,试图探究异质性信息及不同行业中盈余公告后漂移的不同表现。

首先,我们参考 Hung 等(2015)及丁明发、李思雨、王昊和沈蜜(2021)的做法,以分析师预测数据作为预测值来计算 SUE,计算盈余公告发布前 180 天内所有证券公司分析师发布的预测数据的均值作为盈余的预测值,以每年最后一个交易日的收盘价进行标准化处理计算 SUE。根据 SUE 大小将样本分为

---

① 在证券市场中,对会计盈余的预期值进行衡量的常用方法有判断法和统计法(于李胜(2006))。

10组,第1组(SUE1)为坏消息组,第10组(SUE10)为好消息组。

各组样本的盈余公告后累计异常收益如图6所示,在好消息和坏消息组中均存在明显的盈余公告后漂移现象。好消息组在盈余公告前30天便已提前反应,出现向上的漂移,该反应持续到盈余公告后10天便开始回落,至公告后20天恢复平稳,异常收益率之后稳定在3%附近。在坏消息组,盈余公告前30天内也出现了向上的漂移,异常收益率到公告前10天起开始下降,一直持续到盈余公告后30天。可见,无论是好消息组还是坏消息组,市场对盈余信息都已提前反应,且好消息组提前反应的时间开始的更早且反应更强烈,说明分析师未预测到的好消息更早地被市场提前消化反应,不能排除信息泄露和内幕交易的可能性。而坏消息组向下漂移的形态与发达资本市场更为类似,且漂移持续时间更长。

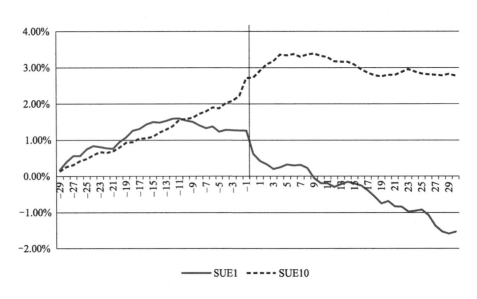

图6 中国A股坏消息及好消息组PEAD现象(参考Hung等(2015)计算SUE)

另外,我们根据分析师预测数据分别计算了各个行业在年报发布后的平均异常收益率[①],发现盈余公告漂移现象在不同行业间呈现异质性。首先,无论是好消息还是坏消息组,制造业以外的大部分行业(除采矿业及水利、环境

[①] 制造业按证监会2012年行业分类指引中的大类标准分类,其他行业按门类标准分类,同时剔除了样本数小于100的行业。

和公共设施管理业的坏消息组和农、林、牧、渔业的好消息组)在盈余公告前30天内均出现了累计异常收益率的上升,这一提前反应现象可能是由于同行间信息传递导致;在盈余公告后,不同行业则表现出了不同的漂移形态(如图7和图8)。盈余公告后,有的行业继续向上漂移(如建筑业及租赁和商务服务业的坏消息组),有的行业在盈余公告前便已反应完全,公告后异常收益率开始回落(如租赁和商务服务业及信息传输、软件和信息技术服务业的好消息组),还有部分行业盈余公告后异常收益率波动放缓,维持在某一水平较为平稳(如交通运输、仓储和邮政业的好消息组)。

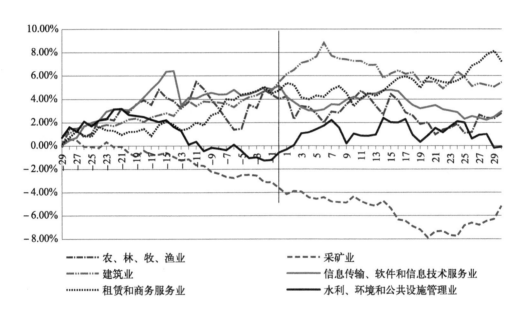

图7 部分行业坏消息组(SUE1)PEAD现象

在水利、环境和公共设施管理业及农、林、牧、渔业,好消息与坏消息组的PEAD则存在明显差异。水利、环境和公共设施管理业在盈余公告前的异常收益率变动与消息性质同向变动(即坏消息组下降,好消息组上升),且在公告前提前完全反应,在公告后均出现向0回落。而农、林、牧、渔业的坏消息组在盈余公告前后异常收益率均为正且波动较大,尤其是在盈余公告前后10天内,出现先降后升再下降的剧烈波动。在好消息组中,农、林、牧、渔业在盈余公告前后20天内便出现异常收益率大幅上升,之后持续缓慢下降,直到公告

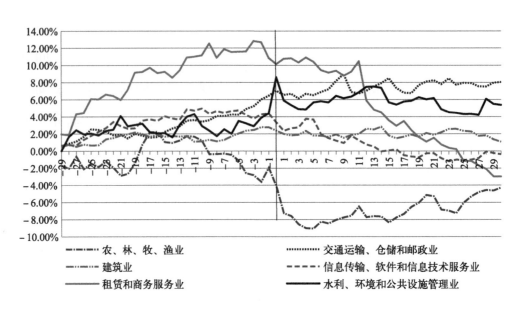

图 8 部分行业好消息组(SUE10)PEAD 现象

后下降速度和幅度突增,直至公告后 4 天开始回升。可见市场对于农、林、牧、渔业的盈余公告信息的反应相对更敏感且剧烈。

而在制造业门类下,不同大类的制造业也存在不同的 PEAD 表现,总的来看,坏消息组(图9)的反应比好消息组(图10)更为波动且剧烈,主要可以分为以下几种形态(如图9和图10)。首先,在坏消息组中,纺织服装、服饰业在盈余公告前 30 天便提前反应,异常收益率大幅波动上升,公告后异常收益率出现断崖式下跌,降回 0% 附近,之后继续波动下降,直到公告 14 天后才开始回升。在汽车制造业也存在类似现象,在公告前上升,公告后立即下降跌至负。而在农副食品加工业、电气机械及器材制造业及铁路、船舶、航空航天和其他运输设备制造业中则存在明显的盈余公告后向上漂移现象,尤其是农副食品加工业在公告 10 天后出现急剧大幅的向上漂移且持续超过 10 天。而非金属矿物制品业的坏消息组在盈余公告前异常收益率便持续上升,在公告时已完全反应,并在公告后开始逐渐回落。

而在好消息组中,除了纺织服装、服饰业的异常收益率持续下降,其他大类制造业均在盈余公告前便出现了累计异常收益率的上升。在盈余公告后,食品制造业及酒、饮料和精制茶制造业行业继续上升,其中食品制造业在公告

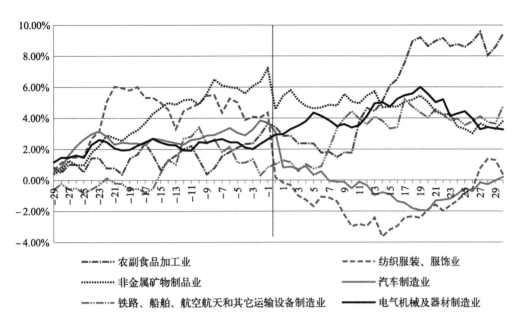

图9 部分制造业大类坏消息组(SUE1)PEAD现象

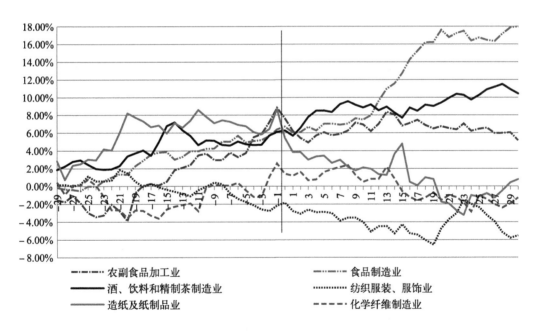

图10 部分制造业大类好消息组(SUE10)PEAD现象

10天后出现急剧大幅的向上漂移,漂移形态类似农副食品加工业的坏消息组。然而农副食品加工业的好消息组在盈余公告前便已充分反应,在公告后稍微有所回落,随后仍维持在较高水平。还有部分行业的异常收益率则在公告后开始持续回落至0以下(如化学纤维制造业及造纸及纸制品业)。

除了分析师预测数据,也有诸多学者使用统计法进行计算,我们参考 Livnat 和 Mendenhall(2006)、Truong(2011)、庞晓波和呼建光(2012)及鹿坪和姚海鑫(2014)的方法使用盈余公告前 15 天的股票均价对公司未预期盈余进行标准化处理,得到标准化未预期盈余(SUE),每年按照 SUE 大小对样本进行排序并从小到大把样本分成 10 组,将第 1 组为定义为坏消息组,第 10 组为好消息组。

将坏消息组(SUE1)及好消息组(SUE10)的异常收益作图可见(如图 11),好消息组在盈余公告前 30 天便已出现了持续、较大幅度的向上漂移,直到盈余公告前一天,累计异常收益率达到峰值,接近 4%。在盈余信息公告后,累计异常收益开始持续回落 30 天,在公告后第 30 天降为负值,甚至低于坏消息组。这说明我国 A 股市场已对好消息提前消化反应,在盈余公告时已进入反应后的回归阶段,这可能是由于信息泄露和内幕人交易行为导致。而坏消息组的累计异常收益率在盈余公告前 30 天内呈现波动趋势,且在盈余公告后 5 天内出现向上的漂移,随后在第 9 天后开始波动下降,一直持续到盈余公告一个月后。

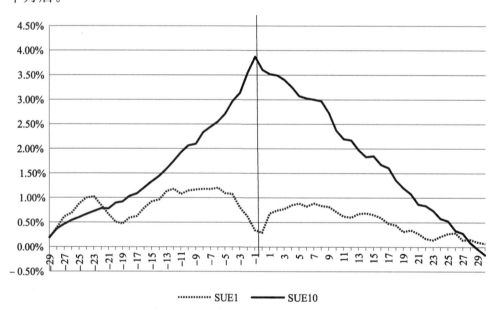

图 11　中国 A 股坏消息及好消息组 PEAD 现象(参考 Livnat 和 Mendenhall(2006)计算 SUE)

可见，中国股票市场对好消息的反应程度比坏消息组更强，且PEAD现象的形态不同于美国、加拿大等发达国家。坏消息组的PEAD呈现先上升后下降趋势，这一结果表明我国股票市场对负面的盈余公告信息（即坏消息）的反应存在滞后性，也可能是受到投资者逆向预期的影响；好消息组的提前反应，进一步表明可能存在内幕人交易行为。

此外，我们也参考了吴世农和吴超鹏（2005）的方法，以当期之前5个半年度未预期EPS的标准差对未预期盈余进行标准化，再根据SUE大小将样本分为10组，第1组为定义为坏消息组，第10组为好消息组。

两组样本盈余公告后累计异常收益情况如图12所示，盈余公告前30天好消息与坏消息组的异常收益率与上图类似，好消息组在盈余公告前30天便已经反应，出现持续的向上漂移，且最高异常收益率超过4.5%，而坏消息组则是出现波动上升的趋势。不同的是在盈余公告之后，好消息与坏消息组的异常收益率都并未发生明显变化，而是大致稳定在盈余公告当天的水平。之后一个月内，出现好消息组小幅度下降，而坏消息组小幅度上升的逆向漂移现象，这一现象可能是由市场在盈余公告前已对信息提前反应，盈余公告后逐渐回归导致。同时，中国证券市场发展不成熟，市场有效性较弱，也有可能造成投资者对坏消息产生逆向预期，从而导致坏消息组在盈余公告后出现向上漂移。此外，中国投资者的投机炒作心理及"利空出尽是利好"的投资心态也可能助推坏消息组异常收益的向上漂移。

三、总结及展望

以往的文献从信息的生产、传播、接收与反应各阶段对盈余公告后漂移现象进行了全面深入的研究与探讨，取得了丰富的成果，然而仍缺乏一个系统的理论框架，以及对盈余公告前的市场异动及漂移现象尚未进行更多研究。未来可试图探究各个阶段不同因素间的内在关系及有机联系，以形成统一的理论分析框架来对PEAD进行更系统全面的解释。同时，本文实证数据发现我

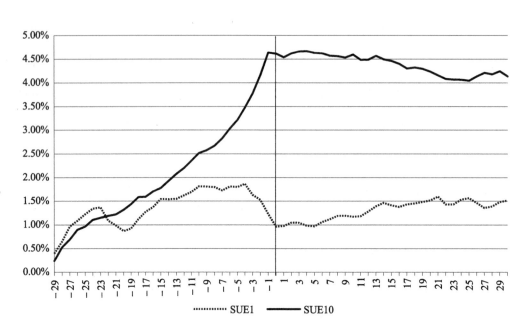

图12　中国A股坏消息及好消息组PEAD现象(参考吴世农和吴超鹏(2005)计算SUE)

国存在明显的盈余公告前漂移现象,甚至市场在盈余公告前便已对信息充分反应,未来学者应重视对盈余公告前市场异动的研究,以对盈余公告漂移现象形成更完整、全局性的认识。

根据中国A股市场2011—2020年的数据,我们发现如今我国A股市场在盈余公告前后均存在明显的漂移现象,且在不同行业中存在异质性;同时,SUE的计量方法的不同也会影响公告后漂移的形态。在不同的未预期盈余(UE)计算方法下,好消息与坏消息组的盈余公告后累计异常收益表现出不同形态,但无论在哪种计算方法下,好消息与坏消息组在盈余公告前都出现提前反应的现象,方向均为正,且好消息组提前反应的程度大于坏消息组。这一结果表明我国股票市场可能存在信息泄露和内幕交易的行为,另外,坏消息组还表现出了先向上再向下的漂移,说明市场对负面的盈余公告信息(即坏消息)可能存在逆向预期,这与中国特殊的制度背景以及投资者的投机心理有关。可见,PEAD并不仅仅是由于错误估计盈余导致,而很有可能与投资者的心理偏差及投机行为有关,而行业间的异质性可能与特定行业积(消)极的行业信息有关,未来可对相关影响因素进行进一步探究,以及对未预期盈余不同的计量方法在中国资本市场的适用性进行研究。

参考文献

Abarbanell J S, Bernard V L, 1992. Tests of analysts' overreaction/underreaction to earnings information as an explanation for anomalous stock price behavior[J]. The Journal of Finance, 47(3): 1181-1207.

Ali A, Durtschi C, Lev B, et al, 2004. Changes in institutional ownership and subsequent earnings announcement abnormal returns[J]. Journal of Accounting, Auditing & Finance, 19(3): 221-248.

Ayers B C, Li O Z, Yeung P E, 2011. Investor trading and the post-earnings-announcement drift[J]. The Accounting Review, 86(2): 385-416.

Baker H K, Ni Y, Saadi S, et al, 2019. Competitive earnings news and post-earnings announcement drift[J]. International Review of Financial Analysis, 63: 331-343.

Ball R, Brown P, 1968. An empirical evaluation of accounting income numbers[J]. Journal of Accounting Research, 6(2): 159.

Barberis N, Shleifer A, Vishny R, 1998. A model of investor sentiment[J]. Journal of Financial Economics, 49(3): 307-343.

Barinov A, Park S S, Yıldızhan Ç, 2021. Firm complexity and post-earnings announcement drift[J]. Available at SSRN 2360338.

Bartov E, 1992. Patterns in unexpected earnings as an explanation for post-earnings announcement drift. Accounting review, (67): 610-622.

Bartov E, Radhakrishnan S, Krinsky I, 2000. Investor sophistication and patterns in stock returns after earnings announcements[J]. The Accounting Review, 75(1): 43-63.

Bernard V L, Thomas J K, 1989. Post-earnings-announcement drift: Delayed price response or risk premium?[J]. Journal of Accounting Research, 27: 1-36.

Bernard V L, Thomas J K, 1990. Evidence that stock prices do not fully reflect the implications of current earnings for future earnings[J]. Journal of Accounting and Economics, 13(4): 305-340.

Bhushan R, 1994. An informational efficiency perspective on the post-earnings announcement drift[J]. Journal of Accounting and Economics, 18(1): 45-65.

Cai G L, Lin B X, Wei M H, et al, 2021. The role of institutional investors in post-earnings announcement drift: Evidence from China [J]. Accounting and Business Research, 51(2): 206-236.

Cao S S, Narayanamoorthy G S, 2012. Earnings volatility, post-earnings announcement drift, and trading frictions[J]. Journal of Accounting Research, 50(1): 41-74.

Carvalho C, Klagge N, Moench E, 2011. The persistent effects of a false news shock[J]. Journal of Empirical Finance, 18(4): 597-615.

Chan W S, 2003. Stock price reaction to news and no-news: Drift and reversal after headlines[J]. Journal of Financial Economics, 70(2): 223-260.

Chen L H, Huang W, Jiang G J, 2017. Herding on earnings news: The role of institutional investors in post-earnings-announcement drift[J]. Journal of Accounting, Auditing & Finance, 32(4): 536-560.

Chen S S, Guo J, Tong X X, 2017. XBRL implementation and post-earnings-announcement drift: The impact of state ownership in China [J]. Journal of Information Systems, 31(1): 1-19.

Daniel K, Hirshleifer D, Subrahmanyam A, 1998. Investor psychology and security market under- and overreactions[J]. The Journal of Finance, 53(6): 1839-1885.

Dellavigna S, Pollet J M, 2009. Investor inattention and Friday earnings announcements [J]. The Journal of Finance, 64(2): 709-749.

Foster G, Olsen C, Shevlin T, 1984. Earnings releases, anomalies, and the behavior of security returns[J]. The Accounting Review, 59(4): 574-603.

Frazzini A, 2006. The disposition effect and underreaction to news[J]. The Journal of Finance, 61(4): 2017-2046.

Gerard X, 2012. Information uncertainty and the post-earnings announcement drift in Europe[J]. Financial Analysts Journal, 68(2): 51-69.

Grinblatt M, Han B, 2005. Prospect theory, mental accounting, and momentum[J].

Journal of Financial Economics, 78(2): 311-339.

Gurun U G, Butler A W, 2012. Don't believe the hype: Local media slant, local advertising, and firm value[J]. The Journal of Finance, 67(2): 561-598.

Hirshleifer D, Lim S S, Teoh S H, 2009. Driven to distraction: Extraneous events and underreaction to earnings news[J]. The Journal of Finance, 64(5): 2289-2325.

Hui K W, Yeung P E, 2013. Underreaction to industry-wide earnings and the post-forecast revision drift[J]. Journal of Accounting Research, 51(4): 701-737.

Hung M, Li X, Wang S H, 2015. Post-earnings-announcement drift in global markets: Evidence from an information shock[J]. The Review of Financial Studies, 28(4): 1242-1283.

Ke B, Ramalingegowda S, 2005. Do institutional investors exploit the post-earnings announcement drift? [J]. Journal of Accounting and Economics, 39(1): 25-53.

Klein A, 1990. A direct test of the cognitive bias theory of share price reversals[J]. Journal of Accounting and Economics, 13(2): 155-166.

Kothari S P, 2001. Capital markets research in accounting[J]. Journal of Accounting and Economics, 31(1-3): 105-231.

Kovacs T, 2016. Intra-industry information transfers and the post-earnings announcement drift[J]. Contemporary Accounting Research, 33(4): 1549-1575.

Lee E, Strong N, Zhu Z J, 2014. Did regulation fair disclosure, SOX, and other analyst regulations reduce security mispricing? [J]. Journal of Accounting Research, 52(3): 733-774.

Liang L H, 2003. Post-earnings announcement drift and market participants' information processing biases[J]. Review of Accounting Studies, 8(2): 321-345.

Livnat J, Mendenhall R R, 2006. Comparing the post-earnings announcement drift for surprises calculated from analyst and time series forecasts[J]. Journal of Accounting Research, 44(1): 177-205.

Louis H, Sun A X, 2011. Earnings management and the post-earnings announcement drift [J]. Financial Management, 40(3): 591-621.

Lys T, Sohn S, 1990. The association between revisions of financial analysts' earnings forecasts and security-price changes[J]. Journal of Accounting and Economics, 13(4): 341-363.

Maines L A, Hand J R M, 1996. Individuals' perceptions and misperceptions of time series properties of quarterly earnings[J]. The Accounting Review, 71(3): 317-336.

Meursault V, Liang P J, Routledge B R, et al, 2021. PEAD. txt: Post-earnings-announcement drift using text[J]. SSRN Electronic Journal.

Milian J A, 2015. Unsophisticated arbitrageurs and market efficiency: Overreacting to a history of underreaction? [J]. Journal of Accounting Research, 53(1): 175-220.

Nguyen B D, 2015. Is more news good news? media coverage of CEOs, firm value, and rent extraction[J]. Quarterly Journal of Finance, 5(4): 1550020.

Ottaviani M, Sørensen P N, 2015. Price reaction to information with heterogeneous beliefs and wealth effects: Underreaction, momentum, and reversal[J]. American Economic Review, 105(1): 1-34.

Shleifer A, Vishny R W, 1997. The limits of arbitrage[J]. The Journal of Finance, 52(1): 35-55.

Tetlock P C., 2007. Giving content to investor sentiment: The role of media in the stock market[J]. The Journal of Finance, 62(3): 1139-1168.

Truong C, 2011. Post-earnings announcement abnormal return in the Chinese equity market[J]. Journal of International Financial Markets, Institutions and Money, 21(5): 637-661.

Xu N H, Jiang X Y, Chan K C, et al, 2017. Analyst herding and stock price crash risk: Evidence from China[J]. Journal of International Financial Management & Accounting, 28(3): 308-348.

Zhang L, 2012. The effect of ex ante management forecast accuracy on the post-earnings-announcement drift[J]. The Accounting Review, 87(5): 1791-1818.

Zhang X F, 2006. Information uncertainty and stock returns[J]. The Journal of Finance, 61(1): 105-137.

丁明发,李思雨,王昊,等,2021.有限注意力如何影响盈余公告后漂移异象:基于中国A股市场的实证研究[J].中央财经大学学报,(6):27-38.

杜妍,王生年,2021.提高会计信息可比性缓解了股价漂移吗?[J].管理学刊,34(1):81-98.

韩德宗,陈亮,高芃勤,2009.中国股票市场盈余公告前价格漂移研究[J].经济与管理,23(11):23-26.

郝亚绒,董斌,刘雅珍,2021.互联互通与盈余公告后价格漂移:基于深港通的经验证据[J].上海金融,(3):70-79.

黄俊,郭照蕊,2014.新闻媒体报道与资本市场定价效率:基于股价同步性的分析[J].管理世界,(5):121-130.

黄洋,李宏泰,罗乐,等,2013.融资融券交易与市场价格发现:基于盈余公告漂移的实证分析[J].上海金融,(2):75-81+118.

孔东民,2008.有限套利与盈余公告后价格漂移[J].中国管理科学,16(6):16-23.

孔东民,柯瑞豪,2007.谁驱动了中国股市的PEAD?[J].金融研究,(10):82-99.

李小胜,2021.盈余信息披露、投资者行为与市场内幕交易[J].经济理论与经济管理,41(1):52-64.

刘寒,盛智颖,2015.盈余公告信息不确定性与股价漂移异象:基于双盈余管理模式[J].财会月刊,(5):24-27.

陆静,龚珍,2011.基于信息不确定性的分割市场盈余公告后漂移研究[J].华东经济管理,25(5):103-109.

陆婷,2012.系统性定价偏误:中国A股盈余公告后的价格漂移研究[J].金融研究,(3):139-151.

鹿坪,姚海鑫,2014.投资者情绪与盈余错误定价:来自中国证券市场的经验证据[J].金融经济学研究,29(3):98-106.

吕敏康,陈晓萍,2018.分析师关注、媒体报道与股价信息含量[J].厦门大学学报(哲学社会科学版),(2):75-84.

庞晓波,呼建光,2012.中国股市存在盈余公告后的价格漂移吗?[J].吉林大学社会科学学报,52(4):136-143.

邵志浩,才国伟,2017.媒体报道与股票收益[J].中山大学学报(社会科学版),57(6):193-204.

谭伟强,2013.盈余公告后价格漂移:四十年研究回顾[J].金融管理研究,(1):94-111.

汪琼,2015.分析师盈余预测及时性对盈余公告后股价漂移的影响研究[D].长沙:湖南大学.

王锴铭,2020.我国股市盈余公告后的价格漂移现象再探究:基于分析师的预测数据[D].上海:上海财经大学.

吴世农,吴超鹏,2005.盈余信息度量、市场反应与投资者框架依赖偏差分析[J].经济研究,40(2):54-62.

向诚,陈逢文,2019.投资者有限关注、公司业务复杂度与盈余惯性[J].管理评论,31(11):212-223.

肖争艳,高荣,2015.卖空交易促进了股价信息效率吗?:来自中国融券交易的经验证据[J].财经问题研究,(10):45-52.

徐宁,2016.分析师与中国股市的PEAD异象关系研究[J].中国物价,(4):43-45.

许金叶,王梦琳,2015.XBRL财务报告与盈余公告后股价漂移现象:基于上交所上市公司的实证研究[J].财会月刊,(3):3-6.

薛祖云,王冲,2011.信息竞争抑或信息补充:证券分析师的角色扮演:基于我国证券市场的实证分析[J].金融研究,(11):167-182.

于李胜,2006.投资者特征与盈余公告后的漂移现象[J].证券市场导报,(12):22-27.

于李胜,王艳艳,2006.信息不确定性与盈余公告后漂移现象(PEAD):来自中国上市公司的经验证据[J].管理世界,(3):40-49+56+171-172.

于忠泊,田高良,曾振,2012.上市公司临时报告对资本市场信息传递的影响[J].系统工程理论与实践,32(6):1151-1165.

于忠泊,田高良,张咏梅,2012.媒体关注、制度环境与盈余信息市场反应:对市场压力假设的再检验[J].会计研究,(9):40-51+96-97.

张承鹫,吴华强,才国伟,等,2021.股票价格波动的信息渠道影响研究:基于媒体报道和分析师预测的视角[J].南方经济,(11):122-136.

张然,汪荣飞,2017.投资者如何利用财务报表盈余信息:现状、问题与启示[J].会计研究,

(8):41-47.

张雯,张胜,陈思语,2018.市场类型与盈余公告后的价格漂移现象:基于A、B股的比较[J].财经论丛,(6):65-75.

张肖飞,2012.个人投资者驱动了中国股市的PEAD吗?:基于某证券营业部交易数据的研究[J].会计与经济研究,26(5):59-68.

复杂金融衍生品创新
——从隐藏风险到迎合投资者偏好①

杨学伟

　　杨学伟：南京大学工程管理学院教授，博士生导师，金融工程研究中心副主任。南开大学理学博士，香港城市大学经济与金融系博士后，美国加州大学（洛杉矶）Anderson 管理学院、美国伊利诺伊大学（UIUC）和香港科技大学访问学者。目前担任中国管理现代化研究会金融管理委员会副秘书长，中文期刊《运筹与管理》编委。杨学伟教授主要从事金融衍生品、行为金融、应用随机模型研究，侧重账户级大数据分析、剖析我国金融衍生品市场改革与发展过程中存在的问题。他长期专注我国散户投资者风险偏好和交易行为模式，相关研究揭示了我国金融市场"怪象"存在的根源，并对复杂金融产品创新的动机提出质疑和挑战。研究成果受到国内外同行的积极评价，并被上海证券交易所等市场监管部门采纳。曾获评南京大学青年五四奖章。主持国家自然科学基金项目 4 项，在 Journal of Financial Economics、Review of Financial Studies、INFORMS Journal on Computing 和 Mathematical Finance 等期刊发表论文 20 余篇。

---

① 感谢国家自然科学基金（项目编号：72122008，11961141009，71771115）的支持。作者邮箱：xwyang@nju.edu.cn

金融衍生品是重要的风险管理工具。用好金融衍生品有助于防范、化解生产要素或产品价格的不利变动带来的风险。从20世纪90年代开始，我国在引入金融衍生品方面进行了一系列探索，取得了一些成绩，对实体经济健康发展起到了积极的促进作用。但我们也不能忽略发展过程中一系列失败的教训。例如1992年至1995年5月的国债期货，①1992年至1996年的配股权证，2005年至2011年的股改权证（以及可分离债权证），2007年至2020年的分级基金等由于人为炒作和市场操纵等原因退出了历史舞台。②

2010年以来在渐进式改革的思路下，我国陆续引入了沪深300股指期货（2010年4月16日），上证50ETF期权（2015年2月9日），上证50和中证500股指期货（2015年4月16日），嘉实沪深300ETF期权、华泰柏瑞沪深300ETF期权和沪深300股指期权（2019年12月23日）等多个金融衍生产品。另外，近年来我国场外期权以及带有期权结构的理财产品发展也非常迅速。目前，我国场内金融衍生品市场在较为严格的监管政策下发展平稳，有效发挥了金融衍生品的本源功能。但由于我国对于场外金融衍生产品的监管政策原因，其规模、风险以及对实体经济发展的贡献尚不明朗。

习近平总书记在庆祝中国共产党成立一百周年大会上的讲话中多次提到"以史为鉴、开创未来"。受此启发，本文试图对国内外复杂金融衍生品的发展做一个简要回顾，从中总结经验和教训，以期对我国金融衍生品市场的改革和发展有所启示。我们认为，健康完善的金融衍生品市场无疑会发挥其本源功能，进而促进经济社会总体福利的提升。本文的重点在于探讨金融创新的另一面，即可能的危害。回顾历史，分析总结什么样的金融衍生品（或相应的市场机制）会导致金融衍生品创新背离本源、不利于社会稳定甚至是危害国家金融安全。

---

① 18年后，中国证监会（证监函〔2013〕178号）批准中国金融期货交易所自2013年9月6日（星期五）起上市交易5年期国债期货合约。

② 我国商品期货的发展可以追溯到20世纪80年代。经过90年代的一系列清理整顿，逐步形成了当前的大连商品交易所、郑州商品交易所、上海期货交易所和上海国际能源交易中心的格局。

文章结构如下：第一节对本文所谓的"复杂"给出解释。第二节介绍国内外金融衍生品市场的发展现状。第三节介绍三个典型的、有争议的复杂金融衍生品。第四节介绍金融衍生品创新的新方向，即对投资者行为偏差的迎合。第五节总结全文，并对我国金融衍生品市场的发展提出若干建议。

一、什么是"复杂"？

首先，我想强调"复杂"是一个相对概念。简而言之，只要是投资者无法理解的产品，对这些投资者而言，就是"复杂产品"。因此，不同的人对于复杂产品的界定不尽相同。为了说明这一点，我想举一个我国权证[①]市场的例子：中远权证（中远CWB1，交易代码：580018）。

中远CWB1是中远航运（600428.SH）分离交易可转债分离出来的一只认购权证，于2008年2月26日在上海证券交易所上市，其到期日为2009年8月25日，最后交易日为2009年8月18日。该权证的持有人可以在2009年8月19日至25日期间的任何交易时间进行行权，即以19.26元买入1.01股中远航运股票。[②] 因此，该合约相当于一个标准的看涨期权，在其到期日（含）之前的最后一周投资者可以行权。根据标的股票——中远航运（600428.SH）——在2009年8月18日收盘时的价格（11.71元）来判断，中远CWB1理论价值为零[③]，任何理性的投资者都不会行权；在最后一个交易日收盘后，中远CWB1价格归零。

对于金融从业者或是金融工程专业的本科毕业生而言，权证是一个相对简单的金融衍生品。然而对于很多散户投资者而言却比较"复杂"，导致很多

---

① 权证是一类金融衍生品，其合约条款与期权类似，但两者的发行机制和交易机制不同。权证可以分为认购权证和认沽权证，其中认购权证赋予其持有者在某个日期（到期日）之前的一系列特定时间（行权时间），以事先约定的价格（行权价格），买入特定数量（行权比率）的资产（标的资产）的权利。

② 中远CWB1的初始行权价为40.38元，行权比率为0.5，即持有1个权证可购买0.5股中远航运（代码600428.SH）的股票。由于分拆和分红的原因，行权价和行权比率发生了两次变动：自2008年5月22日起，行权价为39.66元，行权比率为0.5；2008年9月23日起，行权价为19.26元，行权比率为1.01。

③ 根据涨跌停机制，可以知道股票价格在权证到期日的最高价格为 $11.71 \times (1+10\%)^5 = 18.86$ 元，从而该权证最大可能的到期收益为 $\max(0, 18.86-19.26) \times 1.01 = 0$ 元。

投资者把权证当作股票来交易。对此，作者发表于《金融研究评论》的文章(Li, Subrahmanyam, and Yang 2021)提供了三点证据：(1)论文3.2.4节(228页)的图4表明，有投资者在最后一个交易日加仓该权证——类似于股票交易的翻倍策略，而且这种交易一直持续到最后一个交易日的最后时刻(参见论文340页，第4节图5的最后一幅图)；(2)权证在最后一个交易日的最低交易价格为0.831元；收盘价为0.957元，且收盘前的交易量依然很大；(3)如本文图1所示，该权证的最后一个交易日收盘后，投资者在社交媒体上的发帖表明，有投资者不知道权证有到期日，也有投资者不清楚权证价格和权证行权价的区别。

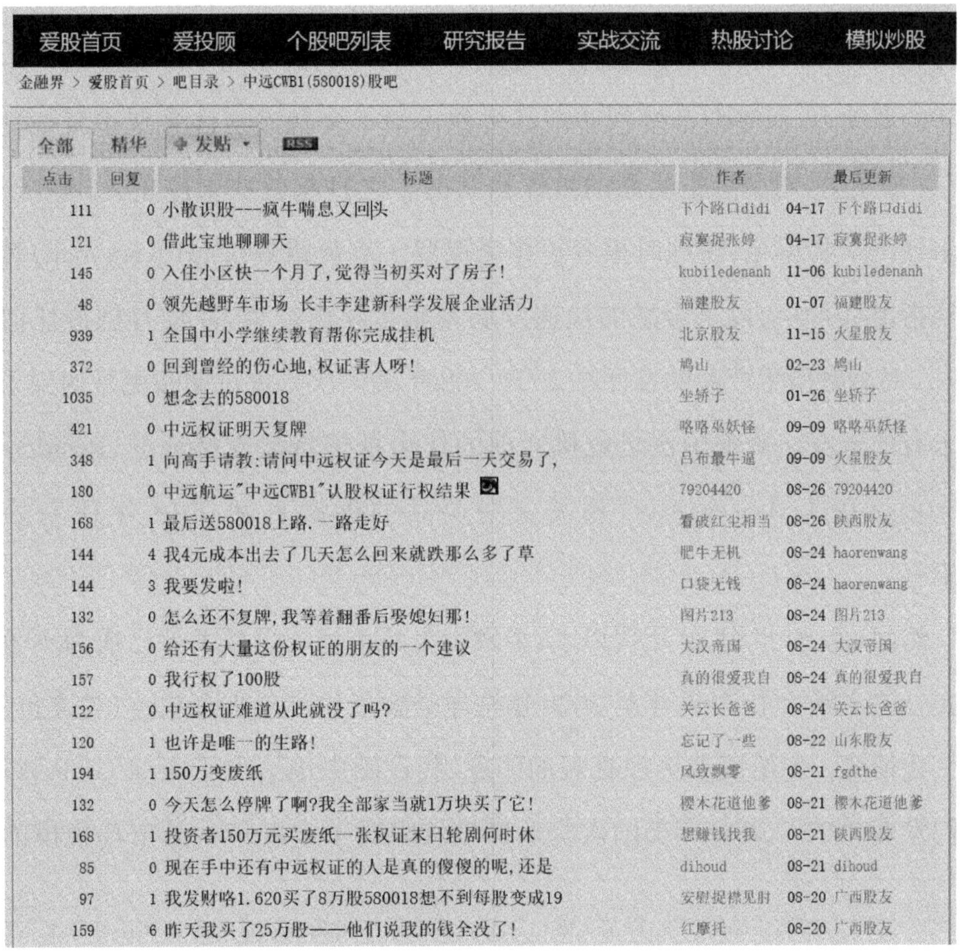
爱股首页 爱投顾 个股吧列表 研究报告 实战交流 热股讨论 模拟炒股

金融界 > 爱股首页 > 吧目录 > 中远CWB1(580018)股吧

全部 精华 发贴 RSS

点击	回复	标题	作者	最后更新
111	0	小散识股---疯牛喘息又回头	下个路口didi	04-17 下个路口didi
121	0	借此宝地聊聊天	寂寞捉张婷	04-17 寂寞捉张婷
145	0	入住小区快一个月了,觉得当初买对了房子!	kubiledenanh	11-06 kubiledenanh
48	0	领先越野车市场 长丰李建新科学发展企业活力	福建股友	01-07 福建股友
939	1	全国中小学继续教育帮你完成挂机	北京股友	11-15 火星股友
372	0	回到曾经的伤心地,权证害人呀!	鸠山	02-23 鸠山
1035	0	想念去的580018	坐轿子	01-26 坐轿子
421	0	中远权证明天复牌	咯咯巫妖怪	09-09 咯咯巫妖怪
348	1	向高手请教:请问中远权证今天是最后一天交易了,	吕布最牛逼	09-09 火星股友
180	0	中远航运"中远CWB1"认股权证行权结果	79204420	08-26 79204420
168	1	最后送580018上路.一路走好	看破红尘相当	08-26 陕西股友
144	4	我4元成本出去了几天怎么回来就跌那么多了草	肥牛无机	08-24 haorenwang
144	3	我要发啦!	口袋无钱	08-24 haorenwang
132	0	怎么还不复牌,我等着翻番后娶媳妇那!	图片213	08-24 图片213
156	0	给还有大量这份权证的朋友的一个建议	大汉帝国	08-24 大汉帝国
157	0	我行权了100股	真的很爱我自	08-24 真的很爱我自
122	0	中远权证难道从此就没了吗?	关云长爸爸	08-24 关云长爸爸
120	1	也许是唯一的生路!	忘记了一些	08-22 山东股友
194	1	150万变废纸	风致飘零	08-21 fgdthe
132	0	今天怎么停牌了啊?我全部家当就1万块买了它!	樱木花道他爹	08-21 樱木花道他爹
168	1	投资者150万元买废纸一张权证末日轮剧何时休	想赚钱找我	08-21 陕西股友
85	0	现在手中还有中远权证的人是真的傻傻的呢,还是	dihoud	08-21 dihoud
97	1	我发财咯1.620买了8万股580018想不到每股变成19	安慰捉襟见肘	08-20 广西股友
159	6	昨天我买了25万股——他们说我的钱全没了!	红摩托	08-20 广西股友

图1 中远CWB1(580018)股吧发帖情况①

① 资料来源于http://istock.jrj.com.cn/list,580018,p1.html,访问日期2020.3.3。

因此，判断一个产品是否"复杂"，不应从监管者或经纪商的角度出发，而应基于投资者的知识水平和投资经历做出客观评估。这也是目前国内外衍生品市场普遍采用的做法，即投资者适当性管理（Chang，Tang 和 Zhang 2015）。然而，由于各种原因，投资者适当性管理在具体实施过程中困难重重、难以完成既定目标，这也是某些"复杂"金融衍生品给投资者财富造成巨大损失的重要原因之一。

二、金融衍生品市场发展概况

经典理论认为金融衍生品创新是为了解决金融市场的投融资问题（风险管理，价格发现，优化资源配置等），也有人认为对利润的追求才是金融衍生品创新的源动力，而复杂金融创新产品也使得整个金融经济体系变得复杂且脆弱①。事实上，对金融衍生品的批评从其诞生之日起就从未停止。2008 年诺贝尔经济学奖得主、纽约时报专栏作家保罗·克鲁格曼（Paul Krugman）教授曾经指出，1980 年以来金融的快速发展无非是寻租行为，并没有创造任何价值②。对金融衍生产品的批评在 2007—08 年美国次贷危机期间更是达到了前所未有的高度。对美国次贷危机之前的住房抵押贷款支持证券（Residential Mortgage-Backed Securities）相关金融产品的诉讼直到 2018 年还未处理完毕③。

然而，自 20 世纪 70 年代以来，金融衍生品市场的迅猛发展已成为不争的事实。图 2 展示了 2000 年至 2020 年全球金融衍生品未平仓权益（名义价值）的变化情况。为给读者更加直观的印象，我在图中也给出了全球 GDP 数据。我们发现 2007—2008 年美国次贷危机虽然阻碍了金融衍生品市场规模的指

---

① 关于"金融衍生品的产生，以及金融衍生品在现代资本市场发展进程中的作用和意义"，我向读者推荐迪克·布莱恩（Dick Bryan）和麦克·莱福梯（Michael Rafferty）于 2006 年出版的 "Capitalism with Derivatives" 一书；该书的中译本《金融衍生品的政治经济学》（译者为厦门大学韩乾教授）于 2020 年出版。
② https://krugman.blogs.nytimes.com/2009/12/09/darling-i-love-you。
③ https://www.justice.gov/news。

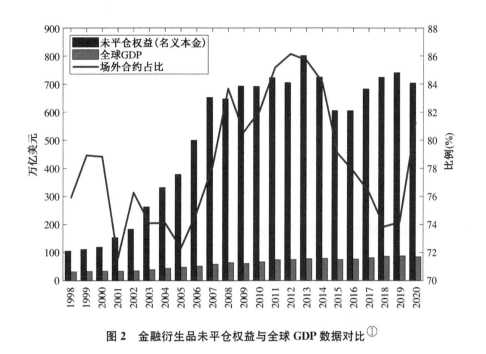

图 2　金融衍生品未平仓权益与全球 GDP 数据对比[①]

数增长趋势,但并没有导致金融衍生品市场规模的大幅下跌:2009 年以来,全球金融衍生品的规模(以未平仓权益的名义价值计算)一直维持在全球 GDP 的 8 至 11 倍,其中场外衍生品占比超过 70%。

鉴于超过 50% 的金融衍生品到期期限小于 1 年,如果金融衍生品的主要用途是对冲风险,我们预计金融衍生品市场的规模应不超过 GDP 的 2 至 3 倍。那么现实中观察到的如此之高的名义价值意味着什么?我不禁想起了《未来简史》(尤瓦尔·赫拉利著,林俊宏译,中信出版集团)中的一段话:"资本主义就这样批准了一个贪婪而混乱的系统,整个系统飞速增长,没人知道究竟发生了什么事或是自己正在前往何方。"《货币战争》(宋鸿兵著,中信出版集团)中也有关于金融衍生品本质及其危害的论述。美西北大学凯洛特商学院杰出讲席教授 Robert McDonald 认为:金融衍生品本身没有错,出错的是使用金融衍生品的"人"。我非常认同 Robert McDonald 教授的观点。金融衍生品在利益至上的资本家手中可能成为"核武器"——金融衍生品给资本家带来

[①]　金融衍生品(场内+场外)数据来源于国际清算银行(Bank for International Settlements),GDP 数据来源于国际货币基金组织(International Monetary Fund)。图中实线为场外衍生品占比。

丰厚利润的同时,可能会给人类社会带来难以修复的伤害。为避免重蹈西方资本市场发展金融衍生品的覆辙,我国发展金融衍生品市场必须牢记金融衍生品的本源功能、初心(即风险管理、价格发现、优化资源配置)和使命(即服务实体经济健康发展),必须将所有金融衍生品市场纳入统一监管,必须明确金融机构参与金融衍生品市场的动机和功能,必须建立完备的投资者适当性管理机制。

三、金融机构如何"隐藏"风险

本章向读者介绍被称为美国次贷危机推手的债务抵押债券(Collateralized Debt Obligation,简称CDO),以及曾经风靡香港金融市场的两个典型金融衍生品:敲出型累计期权合约(Knock Out Discount Accumulator,简称KODA)和雷曼迷你债。我们将重点讨论发行商如何将风险"隐藏"到复杂的金融产品中。

1. 金融魔法师如何"变废为宝"——浅谈CDO

债务抵押债券,顾名思义,就是以发行人(例如银行)的债务资产的未来现金流(本金和利息)作为抵押发行的债券。最早期的CDO的抵押资产一般为优质债券,其发行动机主要是提高资产的流动性、降低融资成本、转移信用风险等。在美国较低的利率市场环境下,CDO被包装为高收益、低风险的投资产品,因而受到了共同基金、养老基金和对冲基金等投资者的追捧。

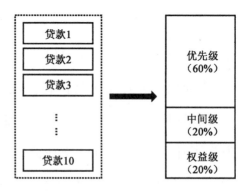

图3 CDO设计示例

随着CDO需求的不断扩大,CDO底层抵押资产供不应求。在这样的背景下,CDO的设计者(投资银行家们)把手伸向了"有毒资产"——次级贷款(即违约风险较高的贷款)。为了向投资银行家们提供更多的次级贷款作为

CDO的抵押品,房产中介不断降低住房抵押贷款的审核标准,从而导致了CDO底层资产质量的进一步下降。

那么投资银行家们是如何将高风险的次级贷款转换为高收益、低风险的投资产品的呢?这正是CDO的设计理念①。接下来我通过一个简单的例子加以说明。

假设投资银行家手上有10笔等额的高风险贷款,每笔面额为10万元,每笔贷款在1年内违约的概率均为3%(对应于垃圾级债券,标普信用评级在BB级以下,穆迪信用评级在Ba级以下)。为简单起见,我们进一步假设:一旦某一笔贷款违约,将损失全部本金和利息。如图3所示,我们现在将10笔总面额为100万元的贷款打包成一个资产池,并发行三个等级的债券产品:优先级、中间级和权益级。三个等级债券的总面值为100万元,其中优先级占比为60%,其他两个等级占比各为20%。

资产池中的10笔底层贷款的现金流优先支付优先级投资者。当所有优先级投资者的权益完全满足后,剩余现金流优先支付中间级投资者。最后,当所有优先级和中间级投资者的权益完全满足后,剩余现金流支付给权益级投资者。因此,优先级债券的风险最小,而权益级债券的风险最大。

由前面的假设条件和产品的结构可知,优先级债券出现违约的概率等同于10笔贷款中超过4笔违约的概率。为了精确的计算优先级债券的风险,我们需要对底层资产,即10笔贷款的违约相关性做出进一步的假设。我们首先假设,10笔贷款是相互独立的。在这样的假设下,由初等概率知识不难计算②,一年内超过4笔违约的概率小于十万分之一(即0.1个基点)。与标普(或穆迪)评级的历史违约概率比较可知,优先级债券可以被评为AAA(或

---

① 读者可上网观看视频"十分钟看懂金融危机":https://www.bilibili.com/video/av26843088/。其中有关于CDS产品的直观介绍。

② 假设总共有n笔贷款,每笔贷款的违约概率为p并且贷款之间相互独立,则贷款违约笔数超过m笔的概率为

$$1-\sum_{i=0}^{m}C_n^i p^i(1-p)^{n-i},\text{其中}C_n^i=\binom{n}{i}\text{为组合数}.$$

Aaa)级。

类似的我们可以计算,10笔贷款中一年内超过2笔违约的概率约为27.65个基点。与标普(或穆迪)评级的历史违约概率比较可知,中间级债券可以被评为BBB(或Baa)级,即投资级债券的最低等级。而10笔贷款中一年内至少有1笔发生违约的概率则高达26.26%!因此权益级债券对应的信用评级在CC(标普)或Ca(穆迪)以下,通常不给出评级。

从上面的例子可以看出,通过资产打包,金融魔法师(投资银行家)们成功地将垃圾级贷款的60%变成了的最安全(对应于最安全的信用评级)的资产,将其中的80%变成了投资级债券。其代价是余下的20%风险变得更高。当然,金融魔法师并没有止步于此,他们将很多个CDO的权益级作为底层资产,进一步施展上述魔法,发行新的债券,即CDO^2。以此类推还有CDO^3,CDO^n等等。投资银行家们把越来越多的垃圾资产变成了优质资产。

这里我们不禁要问:风险去哪里了?细心的读者可能已经发现,我们前面假设底层资产的违约相互独立。但在真实的市场中,违约往往是相关的。对违约相关性的建模是CDO定价的核心。底层资产相关性的提高会给优质资产(例如上面的AAA级资产)的生成带来困难,同时也会导致不同的CDO之间的相关性大幅上升,后者会导致通过CDO^2生成安全资产的方式失效。

为了说明上述问题,我们给出一个极端的例子:假设10笔贷款的违约完全相关,即要么同时不违约,要么同时违约。在这样的假设下,不难发现,CDO优先级、中间级和权益级的违约概率完全相同,即3%,因此所有三个分层的评级与底层资产(垃圾级)完全相同。这个例子突出了底层资产的相关性对CDO产品设计和定价的重要影响。而美国次贷危机前夕,投资者、投资银行家和信用评级机构严重低估(或主动、或被动、或不情愿)了资产违约之间的相关性,从而高估了CDO的信用评级和价格[1]。

---

[1] 投资银行家们对CDO魔法的利用可谓无所不用其极。关于CDO的进一步讨论,读者可以参考《货币战争》(宋鸿兵著,中信出版集团)的附录"美国债务内爆与世界流动性紧缩"。

在次贷危机期间，华尔街出现了一个叱咤风云的人物John Paulson。他在次贷危机爆发前大量卖空价格严重高估的CDO，同时买入便宜的信用违约互换（Credit Default Swap，简称CDS①）；在危机爆发后赚得盆满钵满：2007年至2009年，其个人收入高达80亿美元。然而，也有媒体报道，John Paulson在2007年大赚37亿美元，是因为他卖空了自己参与构建的CDO——ABACUS 2007-AC1；高盛在产品设计和营销过程中没有披露John Paulson在底层资产选取中的作用，也没有披露John Paulson是卖空一方②。美国债券保险公司ACA Financial Guaranty Corp在2013年1月声称，高盛和John Paulson领导的对冲基金欺骗ACA为一款与次级抵押贷款证券相关的CDO——Abacus提供保险③。三方最终于2016年11月达成庭外和解，但并没有披露具体细节④。

对CDO进行定价和评级是非常困难的任务，有研究表明信用评级机构在此过程中存在金融伦理问题（Griffin和Tang，2012）。一些关于2005—2008年间CDO欺诈的诉讼（涉及美国银行、摩根大通、花旗集团、高盛、法巴银行、富国银行、德意志银行、瑞士联合银行、瑞士信贷、汇丰银行、摩根斯丹利等⑤）一直持续到2018年仍未完结。作为普通投资者，我们一定要擦亮眼睛，不要盲目地追求高收益，而忘记产品背后潜藏的风险。

2. 累计期权如何"稍后杀死你"

累计期权（Accumulator）全名为敲出型累计期权合约（Knock Out Discount Accumulator，简称KODA）。如果产品挂钩标的资产为股票，则产品

---

① CDS可以简单理解为保险合约。投资者为了转移违约风险需要向CDS卖出方支付保费。CDS合同期内，一旦违约发生，CDS卖出方必须对投资者的损失做出补偿。由于投资者和金融机构严重低估了违约风险，导致CDS费率很低。
② 美国证监会的报道请见：https://www.sec.gov/news/speech/2010/spch071510rsk.htm，美国机构投资者杂志的报道请见 https://www.institutionalinvestor.com/article/b150qd59pkb7fz/paulson-at-center-of-goldman-complaint.
③ https://www.reuters.com/article/us-paulson-abacus-aca-goldman-idUSBRE90U15C20130131
④ https://www.reuters.com/article/idUSKBN12Y2W4.
⑤ https://www.cnbc.com/2015/04/30/7-years-on-from-crisis-150-billion-in-bank-fines-and-penalties.html.

也称为 KODA ELI(ELI 是股票挂钩票据 Equity Linked Instruments 的缩写)。从本质上讲,累计期权是私人银行与投资者双方签订的场外结构性产品合约。发行商包括高盛、摩根斯丹利、汇丰银行、星展银行、渣打银行、荷兰银行等国际知名机构。合约的主要条款包括:

(a) 折扣购买:投资者可于累计期权产品指定期间内,以指定的价格(行使价,英文 Strike Price,通常较市场价格有 10% 至 20% 的折扣)购买指定数量的资产。

(b) 敲出条款:如果挂钩资产的价格高于某个水平(合约失效价格,英文 Knock Out Price,通常较市场价格高出 5% 至 10%),合约立即终止。

(c) 高价购买:如果相关资产的价格低于行使价,投资者须以行使价(即高于市场价)承接 2 倍、3 倍、甚至 4 倍数量(与(a)中指定的数量相比)的资产,直至合约到期日或触及合约失效价格为止。

其中条款(a)为该产品的主要卖点:在全球大牛市背景下,发行商的主要营销手段就是大力鼓吹"打折买股票"!合约生效后,当挂钩标的资产的市场价格在合约失效价格和行使价格之间时,投资者可以定时以行使价从发行商手中买入指定数量的标的资产。条款(b)则在一定程度上限制了投资者的最大收益(也就是发行商的最大风险)。当挂钩标的资产的市场价格高于合约失效价格时,合约终止,投资者无权再以折扣价格买入标的资产。对购买者而言,条款(c)则是累计期权的主要风险源:当合约的挂钩标的资产的市场价格低于合约行使价时,投资者必须定时以行使价(也就是高于市场价格)买入双倍、三倍甚至是四倍数量的标的资产,直至合约到期完结为止。

如果投资者判断错误,标的资产价格大幅下跌(对应条款(c)),从合约的设计来看,投资者是没有止损点的:即便价格几乎跌到零,投资者依然要按照行使价格大量高价买入标的资产。如果投资者账户资金不足,发行商会要求追加资金,如果不能及时追加资金,投资者会被强行平仓,浮动亏损变为实际亏损。这样资金不足的投资者可能会被迫卖出标的资产获得资金,而这样的操作会进一步加速标的资产的下跌,从而形成流动性螺旋,并最终形成系统性的流动性危机,甚至引发整个经济金融市场的动荡。因此,总体来看,累计期权合约的设计有利于发行商一方。而对于投资者而言,累计期权合约是收益有限,亏损不可控的产品。既然如此,投资者为什么会对这样一个产品趋之若鹜呢?我们认为至少有以下几个原因。

第一,从营销手段来看,发行商一般会向投资者大力宣传"打折买股票";同时强调牛市环境,从而让投资者忽视或者大幅低估潜在的风险。在其他合约条款相同的条件下,累计期权合约的行使价格越低(也就是折扣越大),对投资者越有利——这似乎是废话!道理虽然简单,但是散户投资者真的有能力计算公平的行使价格吗?私人银行客户虽然资金实力雄厚,但大多没有金融工程知识,他们很难对如此复杂的结构化产品进行合理定价,进而评估折扣(执行价格)的合理性。累计期权合约的发行商充分利用投资者的占便宜心里,谎称可以"打折买股票",误导投资者低估甚至忽略产品中蕴含的风险。这与金融创新理论中的风险忽视理论相关(Gennaioli,Shleifer 和 Vishny 2012)。事实上,这个任务(计算公平的执行价格)对专业的金融机构而言也是非常困难的!

第二,投资者网络之间的非对称传播也是一个重要因素。这里的非对称传播也是金融市场上的一个重要现象:当投资者盈利时,他(她)会向亲戚朋友宣传炫耀;当投资者承受亏损时,一般会保持沉默。这正是新兴的社会金融学中的概念"社会传播偏差"(Social Transmission Bias)所描述的现象(Hirshleifer 2020;Akçay 和 Hirshleifer)。而"打折买股票"这种前无古人的操作,一旦有投资者盈利,必定会大肆宣传,从而起到病毒式营销的效果。事实证明,发行商的营销手段是非常高明以及有效的:2005 年到 2007 年,累计期权是最流行的投资产品之一,该产品通常由私人银行向高端客户发行(不对普通散户或储户发行),一般 100 万美元起步;2007 年投行出售的累股期权价值超过 1 000 亿美元,超过当年香港 GDP 的 60%!据香港投行人士透露,其中超过一半的累计期权合约卖给了中国内地投资者,其中大部分是对产品风险了解不够透彻的民营企业家和企业高管群体。最终的后果不难想象——至少数百亿元的财富被洗劫一空,甚至还欠下巨额债务!媒体披露的受害者不乏知名机构和社会名流。

第三,从发行动机来看,发行商有对冲风险的嫌疑。具体而言,在牛市中后期,持有大量股票的发行商已经实现了巨额的账面浮盈。那么如何将浮盈变成实际盈利呢?一个最简单的操作是直接在二级市场卖出手头的股票。但这样一来就会给市场带来大量卖盘,如果操作不当,可能导致在完成出货前市场大幅下跌,从而降低发行商的实际利润。第二种方式是买入看跌期权,锁定卖出价。这种方式的问题在于:(1)牛市中后期的看跌期权一般比较贵,导致成本较高;(2)大量买入看跌期权,会导致市场恐慌,从而进一步推高看跌期权的价格,并最终对发行商卖出股票产生不利影响。这里的累计期权合约,可以认为是非常好的替代方案。通过前面的产品分析,我们可以发现,将期权嵌入结构化投资产品,并辅以"高明"的营销手段,可以以较低的成本完美实现这一目标。具体而言,营销手段可以误导投资者低估(甚至忽略)标的资产下行风险,从而低估产品中的看跌期权价值,并最终实现降低发行商成本的目标。体现在产品条款上,就是产品的折扣可以不用那么高,例如9折;而公平的折扣可能是8折、7折,甚至5折!另外一方面,由于敲出条款的存在,当标的资产价格继续大幅上涨时,发行商无需继续向投资者低价出售标的资产,从而可以享受标的资产价格上涨带来的高额收益!这个设计实在是高明!

最后,从监管的角度来看,累计期权合约是场外交易产品,不在香港联交所上市交易,属于非标准合约,从而市场上没有直接的数据揭示发行商对市场的预期,对绝大多数散户投资者尤其如此,所以该产品的交易对二级市场的影响几乎可以忽略不计。监管通常是滞后的,香港金融管理局直到2011年9月28日才在其官方网站的inSight板块发表评论文章"Buy at a discount?"[①],提

---

① https://www.hkma.gov.hk/eng/news-and-media/insight/2011/09/20110928/.

醒广大投资者注意累计期权投资风险。2017年11月21日,因"与衍生产品销售有关的重大系统性失误",汇丰私人银行(瑞士)有限公司香港分部被处以创纪录的4亿港币的罚金①。

根据累计期权的风险收益特征,有人做了形象的比喻——金融鸦片:用少许甜头吸引投资者承担极高的风险,一旦市场走向大幅逆转,投资者就会损失惨重。有人根据累计期权合约英文名称"Accumulator"的发音,戏称它为"I kill you later"(中文:我迟些才杀死你)。虽然听起来相当恐怖,但也是非常形象贴切的。

如此高风险的累计期权合约会退出历史舞台吗?现实往往与理想相悖:很多人(包括我自己)本性贪婪且过度自信,总有"聪明人"认为自己有能力"打折买股票"。另外一方面,"唯利是图"的发行商们总是能敏锐地捕捉到投资者人性的弱点,并不断开发新的产品来迎合某个(或多个)人性的弱点,从而牟取暴利。事实上,2017年4月18日,发行商星展银行(DBS)在其官方网站更新了关于累计期权合约(Accumulator)及其镜像版本(Decumulator)的产品说明书②。希望广大投资者能够擦亮眼镜,合理评估产品风险!

3. 雷曼迷你债券如何"站在巨人的肩膀上"洗劫你的财富

雷曼迷你债券是太平洋国际金融公司(Pacific International Finance Ltd)所发行的信贷挂钩票据的品牌,在法律上属于债权证券的一种。与传统的债券相比,雷曼迷你债券的产品结构非常复杂,远非一般个体投资者可以理解。一个典型的雷曼迷你债券的结构如图4所示。

与累计期权合约主要面向高净值的私人银行客户不同,雷曼迷你债券中

---

① 见 https://apps.sfc.hk/edistributionWeb/gateway/EN/news-and-announcements/news/doc?refNo=17PR138,以及路透社的报道 https://www.reuters.com/article/us-hsbc-hongkong-fine-idUKKBN1DL1CA.

② Product Booklet: OTC Accumulator & Decumulator, OTC Target Accumulator & Decumulator, and OTC Pivot Accumulator & Pivot Target Accumulator on Foreign Exchange. 链接:https://www.dbs.com.hk/iwov-resources/pdf/investments/6.%20Product%20Booklet%20-%20OTC%20AQ%20DQ_Target%20AQ%20DQ_Pivot%20Target%20AQ%20DQ%20on%20FX%20en.pdf.

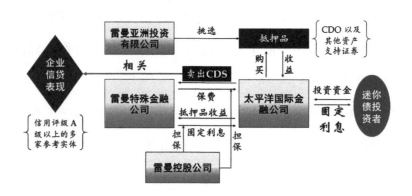

图4 典型的雷曼迷你债券产品结构

"迷你"的含义主要是入场门槛低,少量资金(通常为几万港币或数千美元)即可认购。雷曼迷你债券披着"债券"的外衣,被营销人员包装成了低风险(保本)、高收益的完美资产,这导致大量中老年客户入场,不少投资者更是将毕生的积蓄全部买入了雷曼迷你债。即便是有金融专业知识的机构投资者也很难对图4所示的金融产品进行定价(即决定固定利息的合理数值),更不必谈没有金融知识的中老年散户投资者了。

雷曼和发行商们是如何推销如此复杂的产品的呢?图5展示了在新加坡发行的Minibond Series 2的发行文件。图片中最显眼的就是28%的收益率(年化收益率超过4%)。在收益率旁边的加粗字"Invest on the shoulders giants"直译为"在巨人的肩膀上投资",具体解释为该产品的高收益与7家世界级大公司的信用质量有关:只要7家公司没有违约发生,则产品的高收益可以得到保障。由于7家公司都是世界知名的优秀公司

图5 雷曼迷你债券(Minibond Series 2)营销文件截图

(见图6),在可预见的未来,他们的违约概率几乎可以忽略不计。事实确实如此,在一系列雷曼迷你债券产品中相关的"巨人"们几乎没有违约发生,投资者

在这方面的判断没有问题。

Reference Entity	S&P#	Moody's#	Fitch#
American Express Company	A+	A1	A+
Bank of America Corporation	AA-	Aa2	AA-
DBS Bank Ltd.	AA-	Aa2	AA-
HSBC Bank PLC	AA	Aa2	AA
JPMorgan Chase & Co.	A+	Aa3	A+
Singapore Telecommunications Limited	A+	Aa2	A
Standard Chartered Bank	A+	A2	A+

图6　Minibond Series 2 发行文件中给出的7家公司的信用评级

因此，从图5来看，雷曼迷你债券确实是一个高收益、低风险的资产。然而，随着雷曼兄弟的破产，发行人本身的风险暴露出来，与之相应的是抵押品的估值风险。而后者意味着该产品并非保本产品：投资者收回的本金依赖于抵押品的估值。次贷危机发生后，CDO等抵押品大幅贬值，导致投资者亏损严重。雷曼兄弟破产引发了一场声势浩大的雷曼迷你债券投诉事件。根据香港证券及期货事务监察委员会的数据，由雷曼兄弟安排发行的迷你债券总额高达127亿港元，数万名投资者承受了严重亏损，涉及的分销机构包括中银、大新、星展、渣打、东亚、荷银、丰明、中信嘉华、富邦、永亨、恒隆等。

回顾图4我们不难发现，图5所示的发行文件仅仅强调了图4中一小部分内容，误导投资者将雷曼迷你债券理解为低风险、高收益的保本投资产品。然而图4中其他部分的风险（包括发行人雷曼的风险，抵押品现金流风险，抵押品估值风险等）却被忽略了。在这种情况下，金融知识匮乏的散户投资者如何能从动辄上百页的发行文件中准确识别产品风险呢？发行商们成功地利用了投资者盲目追求高收益的心理，并在营销的过程中误导投资者忽略了产品风险。大量投资者在没有完全理解产品的情况下签署了风险知情同意书，最终导致了著名的雷曼迷你债事件。

四、金融机构如何迎合投资者偏好

最近几十年来,投资者的非理性行为及其对资产价格的影响受到了学术界的广泛关注,并催生了一个新的学科领域——行为金融学的快速发展。2002年、2013年和2017年均有学者因其在行为金融学领域的开创性贡献而获得诺贝尔经济科学奖。2013年诺贝尔经济科学奖评奖委员会在当年的科学背景中提到:投资者的非理性行为的存在,给理性投资者利用非理性投资者的认知偏差创造的套利机会提供了可能性(原文:… investors are not fully rational. … This opens up the possibility, however, for rational investors to take advantage of arbitrage opportunities created by the misperceptions of irrational investors.)①。

既然如此,对理性的金融机构而言,充分利用投资者的认知偏差或行为偏好来获利似乎更加直接。金融机构可以开发新的金融产品来迎合投资者的某个或多个偏好。价格是由供需决定的,价格除了反映基本面价值信息还会包含投资者的偏好信息。如果投资者对某个商品有特殊的偏好,他们会愿意付出更高(较公平价值而言)的价格购买该产品。金融产品也不例外。

1. 迎合赌博偏好——香港牛熊证

香港牛熊证于2006年在香港主板市场上市交易,全名为可赎回牛熊证(Callable Bull/Bear Contract,简称CBBC)。产品分为牛证和熊证两类,顾名思义,买入牛证(熊证)的投资者认为标的资产将大概率上涨(下跌)。类似的场内(即在交易所上市交易)金融产品可以追溯到2001年在德国上市交易的涡轮权证(Turbo Warrant)。在英国伦敦和德国法兰克福等欧洲市场,以及新加坡、韩国等亚洲市场,类似产品的交易也非常活跃。该产品在香港市场的交易额在2007—2008年国际金融危机期间逆势攀升,曾一度超过香港权证市场

---

① The Economic Sciences Prize Committee of the Royal Swedish Academy of Sciences. Scientific Background on the Sveriges Riksbank Prize in Economic Sciences in Memory of Alfred Nobel 2013: Understanding asset prices.

的交易额;自2009年至今,香港牛熊证市场连续12年保持了世界最大(按交易额排名)结构化产品市场的地位。在香港,你可以在出租车座椅靠背、公交车车身、地铁电视等多种场景看到香港牛熊证的广告或新闻,发行商对该产品的宣传可谓无孔不入。

从本质上来讲,牛熊证是一类具有可赎回条款的期权,其定价过程较普通的欧式期权产品更复杂,普通投资者难以掌握。交易香港牛熊证对投资者的判断能力要求更高。以买入牛证为例,投资者要想盈利,标的资产不光要上涨,而且在持有期间不能跌破赎回水平,否则产品会被发行商强制赎回并停止交易。也正是这个强制赎回特征,使得香港牛熊证较普通期权更加便宜,风险更高。

图7展示了买入牛证可能发生的两种典型情形:深色实线代表买入牛证后,标的资产一路上涨,投资者的到期收益为 $S_T - K$,高于买入成本(约为 $S_0 - K$),投资者利润率为 $\frac{S_T - S_0}{S_0 - K}$,这通常远远高于直接买入标的资产的利润率 $\frac{S_T - S_0}{S_0}$;最上面一条水平直线实线代表买入后,标的资产在到期日 T 之前跌破赎回水平,发行商以较低的价格(通常接近零)强制赎回该牛证,投资者损失绝大部分投资。注意到,虽然在第二种情况下标的资产价格在到期日回到了较高的水平,但产品已经被赎回,投资者不能获得相应的收益。

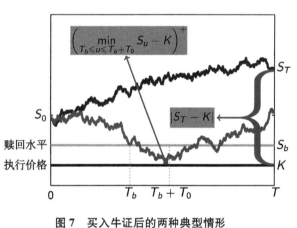

图7 买入牛证后的两种典型情形

虽然牛熊证较普通的欧式期权更加复杂,但是该产品的价格在某些特定条件下(利率低,标的资产价格变化温和等),可以用一个非常简单的线性公式来估算。后者意味着,投资者只要具备小学数学水平(熟悉加减乘除运算)即可熟练地估计牛熊证的合理价值。香港的1年期无风险利率长期低于1%,另外香港恒生指数的波动较个股而言更加温和,因此以恒生指数为标的资产的香港牛熊证可以用简单的线性公式估计合理价格,定价相对透明,这导致以恒生指数为标的资产的香港牛熊证受到了投资者的普遍欢迎。

另外,从交易机制来看,香港牛熊证虽然是金融衍生品,但其在主板(即股票上市板块)交易。投资者只要有股票账户即可交易,而不需要另外开立(准入标准更高的)衍生品交易账户。从产品的角度来看,香港牛熊证较期货和欧式期权等标准场内金融衍生品要更加复杂。另外,由于强制赎回条款的存在,香港牛熊证的隐含杠杆通常较期货和期权更高,短期价格波动更加剧烈。然而港交所却对结构更加复杂、风险更高的牛熊证设定了更低的投资者准入标准!

诚然,香港牛熊证市场不允许散户卖空,且要求投资者全额缴款(因此没有爆仓风险),这些特征确实与普通的股票交易类似。但是,我们不能忽略牛熊证产品本身的复杂性及其高风险特征。这里我想强调:特定条件下可以用简单的线性公式来估算价格并不能用以掩盖牛熊证本身的复杂性。事实上,现有研究表明:对投资者交投活跃的牛熊证而言(一般是接近赎回的产品),由发行商给出的线性公式计算得到的价格严重高估了牛熊证的合理价值(Li,Subrahmanyam 和 Yang 2018)。这也意味着,投资者一直在以大幅高于公平价值的价格买入牛熊证!

港交所的这个匪夷所思的安排吸引了大量有赌博偏好的散户投资者——牛熊证市场交易额在次贷危机期间逆势攀升。图 8 展示了以恒生指数为标的资产的香港牛熊证市场的成交额①,作为对比,我们也给出了香港 GDP 数据。由图 7 可知,香港牛熊证市场交易非常活跃。另外,我们发现投资者喜欢在产品接近强制赎回时买进牛熊证,大部分牛熊证被发行商(以远低于买入价的价格)强制赎回,并因此承受较大幅度的财富损失。这种现象从 2009 年一直持续到现在。图 9 展示了发行商发行并交易以香港恒生指数为标的资产的牛熊证所获得的毛利润。考虑到手续费的影响,投资者的损失额度较

---

① 以恒生指数为标的资产的香港牛熊证市场的成交额占牛熊证市场总交易额的比例超过 90%。

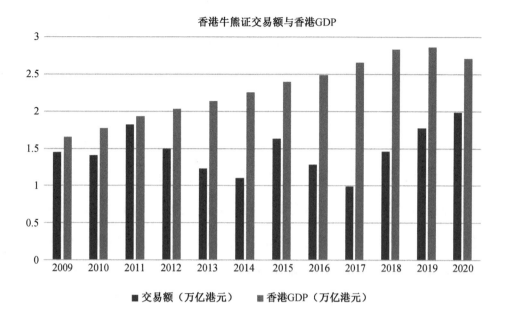

图8 香港恒生指数牛熊证市场交易额

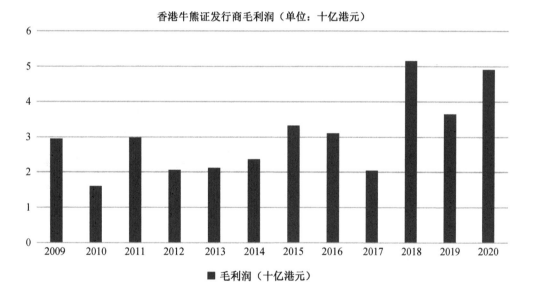

图9 香港恒生指数牛熊证发行商毛利润

发行商的毛利润还要更高。牛熊证接近强制赎回时价格低,波动剧烈,收益的非对称性强①,这些特征恰好与赌博产品(例如彩票)类似(Kumar 2009)。

---

① 收益的非对称性体现为:投资者最多损失全部本金(对应-100%的收益),但可能获得高于1 000%的回报!

我们认为香港牛熊证市场成功地迎合了投资者的赌博偏好，并因此获得了长期繁荣。现有研究表明，香港牛熊证的发行商自2009年以来不断调整产品的发行策略，以进一步提升产品的赌博特性（Li，Subrahmanyam和Yang 2018）。

我认为，在可预见的未来，香港牛熊证不会像累计期权和雷曼迷你债券那样引发社会问题，从而退出历史舞台。香港牛熊证市场对于赌博偏好的迎合是"阳谋"而不是"阴谋"。人们都知道拉斯维加斯或是澳门的赌场规则本身就是不公平的——庄家的胜率永远略高于赌客，但以赌为乐的现象似乎遍布全球（虽然对赌博的态度存在地域和文化方面的差异；Kumar，Page 和 Spalt 2011），这也是赌场生意长期繁荣的根源。同样的，香港牛熊证市场作为一个金融赌场也会长期存在。毕竟香港没有合法赌场，香港牛熊证是一个很好的替代品：香港赌客们完全可以省下来往返澳门赌场的几百元船票，用以买入低价的香港牛熊证。

与债务抵押债券、累计期权和雷曼迷你债券等复杂产品相比，香港牛熊证结构简单，容易理解，定价透明。如果说债务抵押债券、累计期权和雷曼迷你债券的成功是发行商隐藏了产品的潜在风险，把它们包装成了低风险、高收益的投资产品的话，那么香港牛熊证市场则是反其道而行之：香港牛熊证的设计者们从不避讳产品的高风险赌博特性，其目的就是吸引大量赌客参与，并从中渔利！

2. 迎合时间偏好——虚拟货币期货

虚拟货币支持7×24小时不间断交易规则，相应的期货也是如此。全世界的投资者可以不间断交易虚拟货币期货。与大多数常见期货5~20倍杠杆不同的是，比特币期货通常提供20~100倍的杠杆！图10展示了BitMEX网站上的部分虚拟货币期货合约。高杠杆吸引了世界各地的投资者参与交易。根据bybt.com平台统计，2021年4月14日，全球虚拟货币期货的未平仓权益达276.8亿美元，5月20日单日交易额达4 933.2亿美元。

Contract	Contract Specs	Expiry*	Index	Payout Type	Max Leverage	Multiplier
XBTM21	XBTM21 details	2021-6-25	.BXBT30M	Inverse Futures	100x	1 USD
XBTU21	XBTU21 details	2021-9-24	.BXBT30M	Inverse Futures	100x	1 USD
BCHM21	BCHM21 details	2021-6-25	.BBCHXBT30M	Linear Futures	20x	1 XBT
ADAM21	ADAM21 details	2021-6-25	.BADAXBT30M	Linear Futures	20x	1 XBT
LINKUSDTM21	LINKUSDTM21 details	2021-6-25	.BLINKT30M	Quanto Futures	33.33x	0.0001 XBT

图 10　BitMEX 网站上的部分期货合约

高杠杆的虚拟货币期货交易在迎合投资者赌博偏好的同时，也迎合了投资者的时间偏好：喜欢赌博的投资者通常没有耐心进行长时间等待，它们更倾向于沉迷在重复的、几乎立即开奖的游戏中。7×24 小时不间断交易恰好迎合了赌客的时间偏好。

高杠杆必然伴随高风险。2021 年 4 月 18 日（星期日），数字货币期货（永续合约）单日爆仓金额高达 926 亿美元，大量投资者的财富被洗劫一空。我国境内已经禁止参与虚拟货币相关交易，这无疑是一个非常明智的举措，极大地保护了我国散户投资的财富。

3. 价差合约 (Contract for Difference)

经典的金融衍生品，例如远期、期货、期权和掉期等往往都有合同期限。在合同到期后不能交易，这对赌客来说非常不方便。为此，聪明的金融工程师们开发了场外交易的差价合约（Contract for Difference，简称 CFD）。CFD 永不到期，其标的资产可为个股，股票指数，外汇以及商品等。如图 11 所示，某些 CFD 经纪商可以对股票指数和部分外汇合约提供高达 500 倍的杠杆！由于杠杆非常高，CFD 的经纪商采用（几乎）实时盯市制度，如果投资者亏损后不能及时补充保证金，其仓位会被强制平仓。

图11 网站 https://www.best10cfdbrokers.com/ca/截图

从交易机制的角度来讲，CFD与期货类似，但较期货更加灵活。金融机构为了创造盈利机会真可谓无所不用其极！CFD的交易在场外进行，几乎不受监管（当然，CFD在某些国家是被禁止交易的）。由于CFD的杠杆很高，投资者只需少量资金即可入场，准入门槛极低。由于CFD在场外交易，这些产品对投资者的财富有多大影响，我们难以查证。

五、结论与启示

本文简要回顾了近年来对国内外金融市场产生重要影响的典型金融衍生产品。在互联网时代，用欺诈（隐藏风险）的方式诱导投资者购买金融产品变得越来越难，一经发现，监管部门通常会施以严厉的惩罚。例如2008年至2015年4月，美国银行（Bank of America）因其与住宅抵押贷款支持证券相关的欺诈销售行为，被美国司法部和美国证监会开出的罚单总额已经接近600亿美元！对摩根大通公司开出的罚单总额也已经超过300亿美元。期间所有美国银行由于住宅抵押贷款支持证券相关的欺诈销售行为承受的罚单总额超过1500亿美元。根据联邦存款保险公司（Federal Deposit Insurance Corp.）的数据，罚金总额超过同期美国所有银行利润的2成。

近年来，我国对金融欺诈也持零容忍的态度。2021年8月初，针对我国场外规模较大的"雪球"产品，监管发文提醒各大券商强化"雪球"产品风险管控，并要求"严禁使用'保本'、'稳赚'等词汇诱导投资者购买"。我们建议监管对于所有场外金融产品施行备案制，强制要求发行商在专门的网站披露产品细节以及投资者适当性管理措施，并永久留存备查。这样的安排可以最大化的促进普通投资者和科学研究人员参与到金融产品创新的评估和研究中来，从而为金融衍生品市场的发展提供群众基础和智力支持。

新型金融产品的出现给监管带来了新的挑战①。金融市场中传统的盈利思路是低买高卖，相应的监管视角也主要关注老鼠仓、拉高出货等经典操纵手法。但新型金融产品的出现，可以给价格操纵披上光鲜亮丽的外衣——风险对冲。以"雪球"产品为例，投资者买入"雪球"产品，相当于卖出了深度虚值的看跌期权。后者意味着投资者看空波动率，即认为标的资产价格波动不会太高（从而不会大幅下跌）。而券商发行雪球产品则相当于买入了深度虚值的看跌期权。为了对冲期权风险，券商需要不断地对标的资产进行"低买高卖"操作。由于"低买高卖"操作可以起到稳定市场、降低波动的作用，发行商的对冲交易有助于实现"雪球"产品投资者对波动率的预期。"雪球"产品投资者的超额利润以及券商的管理费均来源于上述"低买高卖"的对冲交易。在市场横盘震荡时期，"雪球"产品给投资者和券商带来了丰厚的利润，其代价自然是股票市场其他投资者的亏损。注意到"雪球"产品主要面向高净值（资产100万以上）的客户，不难推断"雪球"产品的财富效应很有可能类似于"劫贫济富"！

另外一方面，行为金融学的快速发展也为金融机构进行金融创新提供了

---

① 中国证券业协会公布的场外业务开展情况报告显示，截至2021年7月底，我国场外衍生品市场新增初始名义本金约8800亿元，存量规模已达1.65万亿元，同比增长约100%。

新的思路,即迎合投资者的风险偏好。资本逐利的本性必然会催生越来越多的这种类型的金融产品。由于投资者的行为偏差(例如赌博偏好等)难以改变,这样的产品一旦出现也必然会受到投资者的追捧。这给金融监管带来了新的困难。我们需要从新的金融产品是否有利于实体经济发展、是否有利于社会繁荣稳定、是否有利于国家金融安全等角度评估产品的价值。

最后,我们也可以充分利用投资者的行为偏好来促进社会向好的方向发展。有研究表明,利用彩票支付(而不是固定利息)存款账户的利息,可以通过吸引有赌博偏好的家庭来促进居民储蓄(Cookson 2018)。2013年诺贝尔经济学奖获得者Robert J. Shiller教授认为"金融绝不是社会的寄生虫,而是用来解决共同问题和提高社会福祉的有力工具(Shiller 2013)。我们需要更多而不是更少的金融创新,金融应该在帮助社会实现其目标方面发挥更大的作用"。然而一次又一次的金融衍生品灾难时刻提醒我们"利用金融创新让社会变得更好"绝不是一个简单的事情,它要求我们(监管者,研究人员,金融机构以及社会大众)认真思考金融衍生品的本质及其在经济社会发展中的角色。我们必须共同努力,促进金融衍生品在保障和增加社会福利方面发挥更大的作用,同时避免金融衍生品沦为操纵金钱的工具。

参考文献

Akçay E, Hirshleifer D, 2021. Social finance as cultural evolution, transmission bias, and market dynamics[J]. Proceedings of the National Academy of Sciences of the United States of America, 118(26): e2015568118.

Chang E C, Tang D Y, Zhang M B, 2015. Suitability checks and household investments in structured products [J]. Journal of Financial and Quantitative Analysis, 50 (3): 597-622.

Cookson J A, 2018. When saving is gambling[J]. Journal of Financial Economics, 129 (1): 24-45.

Gennaioli N, Shleifer A, Vishny R, 2012. Neglected risks, financial innovation, and financial fragility[J]. Journal of Financial Economics, 104(3): 452-468.

Griffin J M, Tang D Y, 2012. Did subjectivity play a role in CDO credit ratings? [J]. The Journal of Finance, 67(4): 1293-1328.

Hirshleifer D, 2020. Presidential address: Social transmission bias in economics and finance[J]. The Journal of Finance, 75(4): 1779-1831.

Kumar A, 2009. Who gambles in the stock market? [J]. The Journal of Finance, 64(4): 1889-1933.

Kumar A, Page J K, Spalt O G, 2011. Religious beliefs, gambling attitudes, and financial market outcomes[J]. Journal of Financial Economics, 102(3): 671-708.

Li X D, Subrahmanyam A, Yang X W, 2018. Can financial innovation succeed by catering to behavioral preferences? Evidence from a callable options market[J]. Journal of Financial Economics, 128(1): 38-65.

Li X D, Subrahmanyam A, Yang X W, 2021. Winners, losers, and regulators in a derivatives market bubble[J]. The Review of Financial Studies, 34(1): 313-350.

Shiller R J, 2013. Finance and the Good Society (New in Paperback). [M]. Princeton: Princeton University Press.

"中国证券分析师排行榜"2020年度榜单解读

葛逸云 刘 静

(南京大学商学院;哈尔滨工业大学经济与管理学院)

证券分析师队伍随着我国资本市场的不断发展而日益壮大,至2021年2月,持证上岗分析师已达3 471人①。证券分析师在资本市场上充当着信息中介的角色,其不仅分析经济发展和行业政策,同时也剖析上市公司的发展运营。据此,分析师研究报告逐渐成为投资者投资决策的一个重要参考依据。然而,目前分析师群体日益壮大,相关研究报告汗牛充栋,而投资者注意力有限,因此亟需一个客观、公正、可验证的分析师评价体系,这对于买卖双方决策乃至资本市场的规范运作具有重要意义。

目前,国内资本市场对于证券分析师的评价多采用"买方投票"数量的形式。虽然这种评价模式具有一定合理性及综合性,但根据买方机构主观打分的方式难免受到分析师专业能力以外因素的影响,因此,此种评价模式的客观性、公正性大打折扣。此外,针对公司进行研究的分析师数量庞大,研究市场竞争加剧,"买方投票"的评价形式没有能够对分析师的盈利预测能力进行透明公开的评价。盈利预测能力本是证券分析师最重要的能力之一,同时也是投资者较为关注的一项分析师能力,但是目前"买方投票"的评价过程与结果无法让投资者知晓分析师真正的证券分析与预测能力。

基于上述国内资本市场分析师评价体系的现状,林树教授分析师研究团

---

① 数据来源:中国证券业协会官网,统计截止时点2021年2月22日,网址:https://exam.sac.net.cn/。

队试图从分析师最重要的能力——"盈利预测准确性"角度出发,对分析师专业能力进行评价,以此提供一种更加透明、客观且可验证的分析师评价模式,并最终形成"中国证券分析师排行榜"2020年度榜单。该榜单以林树教授团队的学术成果《中国证券分析师与证券公司预测准确性评价研究2020》中各行业分析师的排名结果为基础,最终包括最佳分析师与最佳研究机构名单。林树教授团队建立的分析师评价体系对于国内证券分析师的客观评价与标准建立有着重要意义,不仅对国内目前的分析师评价体系形成有益补充,更为我国资本市场的证券投资者、证券研究从业者与监管者等提供重要的参考价值。

"中国证券分析师排行榜"以分析师盈利预测准确性为排序指标,分别对证券分析师个体与证券公司进行评价。为避免评价短期化可能会引导分析师行为短期化,该榜单仅从中长期对分析师与证券公司进行评价,展现三年期与五年期的"中国证券分析师预测准确性评价"与"中国证券公司研究实力评价"结果,分别形成三年期与五年期的最佳分析师与最佳研究机构榜单。投资者可以从中看出我国不同证券研究机构的实力及分析师的专业能力。

一、方法简介

每股收益指标是投资者据以评价企业盈利能力,作出相关经济决策的关键指标之一。证券分析师盈余预测准确性是其专业能力的重要表现。基于此,《中国证券分析师与证券公司预测准确性评价研究2020》以每股收益预测准确性作为评价分析师盈利预测能力的主要依据,综合考虑分析师的平均预测表现和最佳预测表现,得到分析师预测能力的整体评价。在注重证券公司拥有优秀分析师数量的同时,该评价综合考虑了证券公司体量等成本因素,多维度、全方位地对证券公司进行评价。"中国证券分析师排行榜"依据上述评价结果,综合考虑平均表现与最佳表现两个维度的排名,形成最终榜单。

《中国证券分析师与证券公司预测准确性评价研究2020》基础数据全部来源于CSMAR数据库(深圳国泰安教育技术有限公司),涉及指标包括分析师姓名、分析师编码①、所属证券公司名称、预测公司证券代码、证券简称、预测终止日、预测每股收益及实际每股收益。

在对行业分类的处理上,《中国证券分析师与证券公司预测准确性评价研究 2020》以中证指数有限公司公布的上市公司行业分类为准②,并在中证行业划分的二级行业基础上进行一定调整,最终形成 25 个行业分类如下:(1)主要消费—食品、饮料与烟草(除农牧渔产品);(2)主要消费—农牧渔产品;(3)信息技术(含半导体、计算机及电子设备、计算机运用);(4)公用事业;(5)医药卫生(含医疗器械与服务、医药生物);(6)原材料—原材料 1(含化学制品、化学原料);(7)原材料—原材料 2(含建筑材料、有色金属、钢铁、非金属采矿及制品);(8)原材料—轻工(含家庭与个人用品、容器与包装、纸类与林业产品);(9)可选消费—传媒;(10)可选消费—汽车与汽车零部件;(11)可选消费—消费者服务、耐用消费品与服装;(12)可选消费—零售业;(13)工业—交通运输;(14)工业—商业服务与用品;(15)工业—资本品 1(含工业集团企业、建筑与工程、建筑产品);(16)工业—资本品 2(机械制造);(17)工业—资本品 3(环保设备、工程与服务);(18)工业—资本品 4(电气设备);(19)工业—资本品 5(航空航天与国防);(20)工业—资本品 6(贸易公司与经销商);(21)电信业务(含电信服务与通信设备);(22)能源;(23)银行;(24)非银金融(含保险、资本市场、其他金融);(25)房地产。

指标设计思路如下③:

1. 分析师层面

在对分析师预测能力进行评价时,首先在单只股票维度计算出分析师每次预测准确度的相对排名并进行标准化。为全面考察证券分析师研究报告的"质"与"量",在从股票维度得到分析师每次预测的标准分后,分别从平均表现

---

① CSMAR 内部编码,具有唯一性。
② 具体行业分类原则参见中证指数有限公司官网(http://www.csindex.com.cn/)《关于行业分类的说明》。
③ 具体指标计算方法请参见林树、刘静、葛逸云著《中国证券分析师与证券公司预测准确性评价研究 2020》,东南大学出版社 2020 年 9 月出版。

和最佳表现两个维度对分析师预测准确性进行评价。

从平均表现维度对分析师表现进行评价时,取分析师在某行业内跟踪全部公司的预测标准分的均值作为分析师平均表现打分,若分析师跟踪公司横跨不同行业,则对其在不同行业内的预测准确性表现分别评价;从最佳表现维度对分析师表现进行评价时,以分析师在某行业内跟踪的全部公司中的最优预测标准分作为分析师最佳表现打分,若分析师跟踪公司横跨不同行业,则对其在不同行业内的准确性表现分别评价。

"中国证券分析师排行榜"2020年度"最佳分析师"榜单包含各行业中平均表现维度与最佳表现维度排名均位于前五名的分析师。

2. 证券公司层面

在证券公司层面,《中国证券分析师与证券公司预测准确性评价研究2020》从证券公司全部分析师预测准确度表现均值角度及拥有明星分析师席位角度两个维度对证券公司预测能力进行评价。"中国证券分析师排行榜"则主要依据明星分析师席位维度对证券公司进行评价。

从证券公司拥有明星分析师席位角度对证券公司预测能力进行评价时,以各行业内表现最佳的前五名分析师为明星分析师,并依据各证券公司拥有明星分析师席位对证券公司的预测能力进行评价。

"中国证券分析师排行榜"2020年度"最佳研究机构"榜单包含明星分析师席位排名平均维度与最佳维度均位于前十名的研究机构。

二、2020年度最佳分析师及最佳研究机构榜单

1. 五年期最佳分析师(表1)

表1 五年期最佳分析师榜单①

分析师姓名	所属行业	所属证券公司②
文 献	主要消费-食品、饮料与烟草(除农牧渔产品)	平安证券股份有限公司

① 表中为五年期各行业预测准确性平均维度与最佳维度排名均位于前五名的分析师。
② 所属证券公司信息为分析师截至2020.04.30最后一次发布报告时所处的证券公司,下同。

(续表)

分析师姓名	所属行业	所属证券公司
苏铖	主要消费-食品、饮料与烟草(除农牧渔产品)	安信证券股份有限公司
薛玉虎	主要消费-食品、饮料与烟草(除农牧渔产品)	方正证券股份有限公司
刘晓宁	公用事业	上海申银万国证券研究所有限公司
郭鹏	公用事业	广发证券股份有限公司
陈彦	原材料-原材料2(含建筑材料、有色金属、钢铁、非金属采矿及制品)	中国国际金融股份有限公司
樊俊豪	原材料-轻工(含家庭与个人用品、容器与包装、纸类与林业产品)	中国国际金融股份有限公司
周海晨	原材料-轻工(含家庭与个人用品、容器与包装、纸类与林业产品)	上海申银万国证券研究所有限公司
徐林锋	原材料-轻工(含家庭与个人用品、容器与包装、纸类与林业产品)	华西证券股份有限公司
孟玮	可选消费-传媒	中国国际金融股份有限公司
康雅雯	可选消费-传媒	中泰证券股份有限公司
唐佳睿	可选消费-零售业	光大证券股份有限公司
訾猛	可选消费-零售业	国泰君安证券股份有限公司
杨鑫	工业-交通运输	中国国际金融股份有限公司
苏宝亮	工业-交通运输	招商证券股份有限公司
沈晓峰	工业-交通运输	华泰证券股份有限公司
谭倩	工业-商业服务与用品	国海证券股份有限公司
訾猛	工业-商业服务与用品	国泰君安证券股份有限公司
夏天	工业-资本品1(含工业集团企业、建筑与工程、建筑产品)	国盛证券有限责任公司
杨涛	工业-资本品1(含工业集团企业、建筑与工程、建筑产品)	国盛证券有限责任公司
郑丹丹	工业-资本品4(电气设备)	东兴证券股份有限公司
沈成	工业-资本品4(电气设备)	中银国际证券股份有限公司
邹润芳	工业-资本品5(航空航天与国防)	天风证券股份有限公司
王宇飞	工业-资本品5(航空航天与国防)	中国国际金融股份有限公司
刘磊	工业-资本品5(航空航天与国防)	海通证券股份有限公司
宋嘉吉	电信业务(含电信服务与通信设备)	国盛证券有限责任公司

(续表)

分析师姓名	所属行业	所属证券公司
王 强	能源	招商证券股份有限公司
区瑞明	房地产	国信证券股份有限公司
袁 豪	房地产	华创证券有限责任公司
邱冠华	银行	浙商证券股份有限公司
刘志平	银行	华西证券股份有限公司
沈 娟	银行	华泰证券股份有限公司
孙 婷	非银金融(含保险、资本市场、其他金融)	海通证券股份有限公司
沈 娟	非银金融(含保险、资本市场、其他金融)	华泰证券股份有限公司
洪锦屏	非银金融(含保险、资本市场、其他金融)	华创证券有限责任公司
刘欣琦	非银金融(含保险、资本市场、其他金融)	国泰君安证券股份有限公司

2. 五年期最佳研究机构[①]

安信证券股份有限公司、国泰君安证券股份有限公司、兴业证券股份有限公司、招商证券股份有限公司、中国国际金融股份有限公司。

3. 三年期最佳分析师(表2)

表2 三年期最佳分析师榜单[②]

分析师姓名	所属行业	所属证券公司
邱懿峰	公用事业	新时代证券股份有限公司
笃 慧	原材料-原材料2(含建筑材料、有色金属、钢铁、非金属采矿及制品)	中泰证券股份有限公司
唐佳睿	可选消费-零售业	光大证券股份有限公司
郑 武	工业-交通运输	国泰君安证券股份有限公司
吴一凡	工业-交通运输	华创证券有限责任公司
杨诚笑	工业-商业服务与用品	天风证券股份有限公司
石 康	工业-资本品5(航空航天与国防)	兴业证券股份有限公司

---

① 2020年度(截至2020年4月30日)参与五年期评选的研究机构共58家,明星分析师席位排名平均维度与最佳维度均位于前十名的研究机构入选"五年期最佳研究机构",文中列序按照各研究机构名称首字母排序。

② 表中为三年期各行业预测准确性平均维度与最佳维度排名均位于前五名的分析师。

(续表)

分析师姓名	所属行业	所属证券公司
冯福章	工业-资本品 5(航空航天与国防)	安信证券股份有限公司
余 俊	电信业务(含电信服务与通信设备)	招商证券股份有限公司
戴志锋	银行	中泰证券股份有限公司
邱冠华	银行	浙商证券股份有限公司
孙 婷	非银金融(含保险、资本市场、其他金融)	海通证券股份有限公司

4. 三年期最佳研究机构[①]

安信证券股份有限公司、东北证券股份有限公司、方正证券股份有限公司、国泰君安证券股份有限公司、中国国际金融股份有限公司。

三、明星分析师解读[②]

1. 邱冠华

（1）基本信息简介[③]

邱冠华，男，首席分析师，南京大学会计学硕士，目前任职于浙商证券股份有限公司，执业证书编号：S0880511010038。研究方向为银行。

曾任国泰君安首席银行研究员。曾获 2011 年央视中证金牛奖、第一财经最佳分析师第一名，新财富、水晶球最佳分析师第二名；2010 年新财富、水晶球第三名。

（2）预测表现

银行行业：

2015.05.01—2020.04.30 期间跟踪"金融地产-银行"行业股票数量：年均 15 只股票。

[①] 2020 年度（截至 2020 年 4 月 30 日）参与三年期评选的研究机构共 69 家，明星分析师席位排名平均维度与最佳维度均位于前十名的研究机构入选"三年期最佳研究机构"，文中列序按照各研究机构名称首字母排序。

[②] 本文选择解读的明星分析师为 2020 年度入选五年期和三年期最佳分析师的分析师，解读顺序为分析师姓名首字母排序。

[③] 信息来自 Wind 数据库——人物库，下同。

五年期EPS预测平均表现排名:1/10,最佳表现排名:1/10。

三年期EPS预测平均表现排名:5/31,最佳表现排名:2/31。

2. 孙婷

(1) 基本信息简介

孙婷,女,硕士,首席分析师,高级分析师,中央财经大学经济学学士,中国人民银行研究生部经济学硕士。现就职于海通证券,职业证书编号:S0850515040002。研究方向为非银行金融。

曾经任职经历:2008年7月加入申银万国证券研究所,先后任海外研究部保险行业分析师和服务业研究部保险分析师。

(2) 预测表现

非银金融(含保险、资本市场、其他金融)行业:

2015.05.01—2020.04.30期间跟踪"非银金融(含保险、资本市场、其他金融)"行业股票数量:年均18只股票。

五年期EPS预测平均表现排名:1/20,最佳表现排名:1/20。

三年期EPS预测平均表现排名:1/44,最佳表现排名:1/44。

3. 唐佳睿

(1) 基本信息简介

唐佳睿,男,首席分析师,特许金融分析师(CFA),特许另类投资分析师(CAIA),金融风险管理师(FRM)。德国波恩大学国民经济学硕士,同济大学高分子材料工学学士,上海外国语大学英语系、日语系双本科文学学士。现任职于光大证券,从业证书编号:S0930516050001。研究方向为商贸零售。

曾就职于中银国际证券、中信证券和海富通基金。曾获2016《东方财富》最佳分析师零售行业第三名,2017/18年《福布斯》中国最佳分析师50强,最佳预测盈利能力分析师,2017年《证券时报》中国证券分析师"金翼奖"第2名。

(2) 预测表现

可选消费-零售业行业:

2015.05.01—2020.04.30 期间跟踪"可选消费-零售业"行业股票数量：年均 28 只股票。

五年期 EPS 预测平均表现排名：1/19，最佳表现排名：2/19。

三年期 EPS 预测平均表现排名：4/48，最佳表现排名：1/48。

四、最佳研究机构解读[①]

1. 安信证券股份有限公司

（1）基本信息简介[②]

安信证券股份有限公司成立于 2006 年 8 月，并先后于 2006 年 9 月、12 月以市场化方式收购了原广东证券、中国科技证券和中关村证券的证券类资产。公司股东为国家开发投资集团有限公司旗下的国投资本股份有限公司（600061.SH）和上海毅胜投资有限公司，分别持股 99.996 9% 和 0.003 1%，注册资本在增资后达到 100 亿元。公司现为全牌照综合类券商。

安信证券总部设于深圳，在北京、上海、广州、汕头、佛山等地设立 47 家分公司，在 29 个省级行政区设有 329 家证券营业部。公司全资控股安信国际金融控股有限公司、国投安信期货有限公司、安信乾宏投资有限公司、安信证券投资有限公司、安信资产管理有限公司，参股安信基金管理有限责任公司等。

（2）预测表现

2015.05.01—2020.04.30 期间年均活动证券分析师数量约 52 名，年均研究报告产出量约 652 份。

五年期证券公司明星分析师席位排名——平均表现维度排名：5/58，拥有明星分析师数量：21/595。

五年期证券公司明星分析师席位排名——最佳表现维度排名：9/58，拥有明星分析师数量：18/595。

[①] 本文选择解读的研究机构为 2020 年度三年期与五年期均为最佳研究机构的证券公司，解读顺序为证券公司名称首字母排序。

[②] 信息来自安信证券股份有限公司官网，网址 http://www.essence.com.cn/。

三年期证券公司明星分析师席位排名——平均表现维度排名：2/69，拥有明星分析师数量：15/360。

三年期证券公司明星分析师席位排名——最佳表现维度排名：6/69，拥有明星分析师数量：13/360。

2. 国泰君安证券股份有限公司

(1) 基本信息简介

国泰君安证券股份有限公司总部位于上海市，国泰君安跨越了中国资本市场发展的全部历程和多个周期，以客户为中心，深耕中国市场，为个人和机构客户提供各类金融服务。自2008年以来，国泰君安连续十二年获得中国证监会授予的A类AA级监管评级。在二十余年创新发展过程中，国泰君安逐渐形成了风控为本、追求卓越的企业文化。

2010年国泰君安国际(HK.1788)成为首家在香港联交所首次公开发售及上市的香港中资券商；同年成为首批获得融资融券业务资格的证券公司之一。2015年国泰君安证券A股(601211.SH)在上海证券交易所上市交易，2017年国泰君安证券H股(2611.HK)在香港联合交易所上市交易。国泰君安证券股份有限公司旗下拥有国泰君安金融控股公司、国泰君安证券资产管理、国泰君安期货、国泰君安创新投资、君泰君安证裕投资、上海国翔置业六家子公司。

(2) 预测表现

2015.05.01—2020.04.30期间年均活动证券分析师数量约127名，年均研究报告产出量约786份。

五年期证券公司明星分析师席位排名——平均表现维度排名：6/58，拥有明星分析师数量：21/595。

五年期证券公司明星分析师席位排名——最佳表现维度排名：3/58，拥有明星分析师数量：27/595。

---

① 信息来自国泰君安股份有限公司官网，网址 https://www.gtja.com/。

三年期证券公司明星分析师席位排名——平均表现维度排名：6/69，拥有明星分析师数量：12/360。

三年期证券公司明星分析师席位排名——最佳表现维度排名：3/69，拥有明星分析师数量：17/360。

3. 中国国际金融股份有限公司

（1）基本信息简介[①]

中国国际金融股份有限公司（3908.HK）是中国首家中外合资投资银行。自1995年成立以来，中金公司建立了以研究为基础，投资银行、股票业务、固定收益、财富管理和投资管理全方位发展的业务结构。2015年，中金在香港联交所主板成功挂牌上市。2017年，中金与中国中金财富证券有限公司（简称"中金财富证券"，原中国中投证券有限责任公司）的战略重组完成，中金财富证券成为中金的全资子公司。2018年，中金成功引入腾讯作为战略投资者。2020年，中金在上海证券交易所主板成功挂牌上市。

中金总部设在北京，在境内设有多家子公司，在上海、深圳、厦门、成都等地设有分公司，在中国大陆29个省、直辖市拥有200多个营业网点。中金公司亦积极开拓境外市场，在香港、纽约、新加坡、伦敦、旧金山、法兰克福等国际金融中心设有分支机构。

（2）预测表现

2015.05.01—2020.04.30期间年均活动证券分析师数量约64名，年均研究报告产出量约712份。

五年期证券公司明星分析师席位排名——平均表现维度排名：3/58，拥有明星分析师数量：23/595。

五年期证券公司明星分析师席位排名——最佳表现维度排名：1/58，拥有明星分析师数量：41/595。

三年期证券公司明星分析师席位排名——平均表现维度排名：3/69，拥

[①] 信息来自中国国际金融股份有限公司官网，网址]https://www.cicc.com/。

有明星分析师数量：15/360。

  三年期证券公司明星分析师席位排名——最佳表现维度排名：4/69，拥有明星分析师数量：16/360。

2021年度中国基金公司整体投资回报能力排名解读

王湛鑫

(南京大学商学院)

近年来,我国公募基金行业蓬勃发展,无论是基金数量还是管理规模均呈现加速增长态势。截至2021年底,我国有151家公募基金管理公司,他们管理着超过9 152只各类型公募基金(数据来源:中国证券投资基金业协会官网),这一数字远远高于沪深两市A股主板股票数量。

对于非专业投资者来说,怎样在数量众多的基金产品中作出理性的投资选择就成了一个难题。目前市场上已有不少专业人员根据投资范围、投资风格、收益与风险特征等对各类型基金进行评级,帮助非专业投资者建立对不同基金相对表现的直观认识。但是,现有的绝大多数评级仅对单个基金进行评价,这种做法通俗易懂,但也有其局限性。一方面,这种评级方式可能会促使基金经理采取激进的机会主义行为,凭借短期的优秀业绩疯狂"吸金",但是过度追求短期收益很可能损害基民的长期利益,甚至出现业绩的快速反转;另一方面,部分整体实力不足的公司可能会集中资源打造一两只"明星基金",借助媒体进行包装炒作,甚至故意将旗下不同基金的投资行为进行显著差异化,用"碰运气"的方式"撞"出一只高业绩基金,以提升公司的市场知名度,获得大量基民的信赖,但是这样的高业绩通常不具有稳定性,该公司旗下的其他基金往往业绩堪忧,这将给基民带来巨大的投资安全隐患。

与发达国家资本市场的公司型基金不同,我国市场上的证券投资基金产品全部是契约型基金,同一公司旗下数只基金产品共用同一个投研平台,公司的投资研究实力对每一只基金的影响都非常大,而基金经理的决策权限与表现空间十分有限。因此,在我国特有的制度环境与现有的市场情况下,只关注单一基金业绩,不考虑基金管理公司整体投研实力的强弱及均衡与否,是目前绝大部分基金评级方式的重要缺陷。

2008年,南京大学会计学系林树教授在国内首次推出了"中国基金管理公司整体投资回报能力评价(TIP Rating)"。该评价克服了单只基金评级的缺陷,利用公开数据资料,综合考虑不同类型基金的排名情况,考察同一公司旗下基金业绩之间的均衡表现,通过调整样本的时间跨度,从短期、中期、长期等不同的时间尺度上观察基金公司整体投资回报能力的持续性与稳定性。

该评价体系参考了Wind基金分类标准,根据基金的招募说明书与基金合同,结合契约类型和投资范围两方面因素进行分类,将国内市场上发行基金划分成6个一级类别、24个二级类别,样本范围涵盖股票型、债券型、混合型、货币市场型、另类投资基金等多种类型基金。在此基础上,该评级方法先是计算出期间内样本基金公司旗下各类型样本基金在同类型基金中的相对排名,计算得出每一只基金的标准分,再以期间内此基金的规模除以所属基金公司同时期各样本基金规模之和作为其权重,对每一家基金公司旗下的样本基金标准分进行加权得到其整体投资回报能力分值,按照得分将各基金公司从高到低排序,最终得到该期间基金管理公司整体投资回报能力评价名次。

《中国公募基金管理公司整体投资回报能力评价研究(2021)》中展示了截至2021年底,五年期与十年期的"中国基金管理公司整体投资能力评价"结果,基于宏观视角分析我国公募基金业的发展势头,并从微观层面上观察不同基金公司的综合投研实力及其波动情况。

表1 五年期基金公司整体投资回报能力排名

整体投资回报能力排名	基金公司（简称）	整体投资回报能力得分	样本基金数量
1	信达澳银	1.818	17
2	招商	0.967	122
3	中融	0.916	22
4	易方达	0.870	119
5	中欧	0.811	59
6	西部利得	0.809	26
7	前海开源	0.746	63
8	金鹰	0.723	34
9	财通证券资管	0.704	4
10	农银汇理	0.685	34
11	万家	0.661	56
12	兴证全球	0.653	18
13	嘉合	0.652	4
14	新疆前海联合	0.650	13
15	中海	0.643	31
16	泰达宏利	0.607	43
17	东证资管	0.594	35
18	诺德	0.573	9
19	广发	0.570	131
20	银华	0.556	58
21	圆信永丰	0.538	9
22	上银	0.534	5
23	海富通	0.505	41
24	国金	0.501	6
25	方正富邦	0.457	10
26	汇丰晋信	0.438	24
27	平安	0.437	35
28	北信瑞丰	0.428	13
29	建信	0.419	82
30	新华	0.410	41
31	鹏华	0.408	125
32	泓德	0.402	21

(续表)

整体投资回报能力排名	基金公司（简称）	整体投资回报能力得分	样本基金数量
33	景顺长城	0.400	68
34	富国	0.400	90
35	交银施罗德	0.395	79
36	南方	0.389	116
37	金元顺安	0.384	10
38	中加	0.374	17
39	大成	0.363	80
40	浦银安盛	0.354	41

注：样本基金公司108家，表中只列示前40名基金公司。

表2 五年期信达澳银基金公司旗下基金概览

整体投资回报能力排名	基金公司（简称）	基金名称	投资类型（二级分类）	样本基金数量	同类基金中排名	期间内规模（亿）
1	信达澳银	信达澳银中小盘	偏股混合型基金	435	26	7.892
1	信达澳银	信达澳银产业升级	偏股混合型基金	435	162	5.276
1	信达澳银	信达澳银领先增长	偏股混合型基金	435	332	11.308
1	信达澳银	信达澳银红利回报	偏股混合型基金	435	349	3.294
1	信达澳银	信达澳银消费优选	偏股混合型基金	435	388	0.620
1	信达澳银	信达澳银新能源产业	普通股票型基金	200	1	87.665
1	信达澳银	信达澳银转型创新	普通股票型基金	200	149	4.849
1	信达澳银	信达澳银信用债A	混合债券型二级基金	329	75	9.601
1	信达澳银	信达澳银信用债C	混合债券型二级基金	329	92	0.270
1	信达澳银	信达澳银鑫安	混合债券型二级基金	329	215	5.359
1	信达澳银	信达澳银精华A	灵活配置型基金	1 312	50	5.150
1	信达澳银	信达澳银新目标	灵活配置型基金	1 312	264	1.951
1	信达澳银	信达澳银新财富	灵活配置型基金	1 312	343	6.912
1	信达澳银	信达澳银慧管家C	货币市场型基金	522	288	52.528
1	信达澳银	信达澳银慧管家A	货币市场型基金	522	424	4.122
1	信达澳银	信达澳银慧管家E	货币市场型基金	522	490	0.539
1	信达澳银	信达澳银慧理财	货币市场型基金	522	505	0.088

受篇幅限制，表1显示了5年期108家样本基金公司排行榜中位居前40名的公司，可以看出排名靠前的基金公司多为样本基金数量中等或偏多的公

司,如第 1 名的信达澳银有 17 只样本基金,第 2 名的招商有 122 只样本基金,第 3 名的中融有 22 只样本基金。以排名第一的信达澳银基金公司为例,如表 2 所示,其旗下的信达澳银新能源产业在 200 只普通股票型基金中排名第 1,且该基金规模超 87 亿元,中等规模的样本基金如信达澳银中小盘在同期 435 只偏股混合型基金中也位列 26 名,处于前列水平,而信达澳银旗下排名靠后的样本基金普遍规模较小,比如信达澳银消费优选、信达澳银慧管家 E 与信达澳银慧理财规模均不到 1 亿元,这是信达澳银基金公司在五年期整体投资回报能力评价中排名第 1 的重要原因。

表 3 十年期基金公司整体投资回报能力排名

整体投资回报能力排名	基金公司(简称)	整体投资回报能力得分	样本基金数量
1	兴证全球	1.519	9
2	浦银安盛	1.329	8
3	华富	1.280	11
4	银河	1.142	13
5	易方达	0.971	31
6	交银施罗德	0.966	21
7	中欧	0.825	6
8	新华	0.764	7
9	汇添富	0.679	18
10	富国	0.665	22
11	诺德	0.605	6
12	中信保诚	0.569	13
13	宝盈	0.536	10
14	万家	0.477	10
15	东方	0.437	7
16	广发	0.404	18
17	民生加银	0.385	7
18	南方	0.361	26
19	工银瑞信	0.342	22
20	景顺长城	0.340	16
21	金鹰	0.333	7

(续表)

整体投资回报能力排名	基金公司(简称)	整体投资回报能力得分	样本基金数量
22	国海富兰克林	0.161	9
23	长城	0.152	12
24	招商	0.150	19
25	建信	0.142	17
26	申万菱信	0.092	12
27	汇丰晋信	0.067	10
28	华安	0.065	25
29	国投瑞银	0.047	13
30	博时	0.045	27
31	国联安	-0.009	15
32	摩根士丹利华鑫	-0.039	8
33	银华	-0.042	17
34	中海	-0.046	13
35	中银	-0.057	16
36	国泰	-0.061	18
37	华宝	-0.064	19
38	农银汇理	-0.066	14
39	天弘	-0.092	5
40	华商	-0.112	12
41	长信	-0.163	11
42	鹏华	-0.169	20
43	大成	-0.216	20
44	长盛	-0.243	11
45	嘉实	-0.256	28
46	华夏	-0.271	24
47	华泰柏瑞	-0.336	13
48	海富通	-0.414	19
49	信达澳银	-0.432	5
50	融通	-0.466	10
51	诺安	-0.513	14
52	泰达宏利	-0.608	13
53	光大保德信	-0.717	12

(续表)

整体投资回报能力排名	基金公司（简称）	整体投资回报能力得分	样本基金数量
54	泰信	-0.762	12
55	天治	-0.851	9
56	上投摩根	-0.955	13
57	东吴	-0.996	9
58	金元顺安	-1.038	5
59	中邮	-1.117	5

表4　十年期兴证全球基金公司旗下基金概览

整体投资回报能力排名	基金公司（简称）	基金名称	投资类型（二级分类）	样本基金数量	同类基金中排名	期间内规模（亿）
1	兴证全球	兴全合润	偏股混合型基金	280	3	173.291
1	兴证全球	兴全绿色投资	偏股混合型基金	280	28	59.499
1	兴证全球	兴全社会责任	偏股混合型基金	280	70	53.192
1	兴证全球	兴全沪深300指数增强A	增强指数型基金	19	6	30.418
1	兴证全球	兴全全球视野	普通股票型基金	12	8	33.410
1	兴证全球	兴全磐稳增利债券A	混合债券型一级基金	80	11	14.003
1	兴证全球	兴全有机增长	灵活配置型基金	149	9	24.110
1	兴证全球	兴全趋势投资	灵活配置型基金	149	25	201.518
1	兴证全球	兴全货币A	货币市场型基金	77	6	24.806

表5　十年期浦银安盛基金公司旗下基金概览

整体投资回报能力排名	基金公司（简称）	基金名称	投资类型（二级分类）	样本基金数量	同类基金中排名	期间内规模（亿）
2	浦银安盛	浦银安盛红利精选A	偏股混合型基金	280	29	1.576
2	浦银安盛	浦银安盛价值成长A	偏股混合型基金	280	125	8.138
2	浦银安盛	浦银安盛沪深300指数增强	增强指数型基金	19	8	5.367
2	浦银安盛	浦银安盛优化收益A	混合债券型二级基金	103	90	0.245
2	浦银安盛	浦银安盛优化收益C	混合债券型二级基金	103	96	0.082
2	浦银安盛	浦银安盛精致生活	灵活配置型基金	149	18	1.838
2	浦银安盛	浦银安盛货币B	货币市场型基金	77	5	143.193
2	浦银安盛	浦银安盛货币A	货币市场型基金	77	35	2.006

如表3所示,在十年期的整体投资能力评价中,样本基金公司只有59家,整体看来这些基金公司均属于样本基金数量中等或较少的公司,且排名靠前的多为老牌的基金公司。由表4可以看出,排名第一的兴证全球旗下9只样本基金排名均相对靠前,如兴全合润在同期280只偏股混合型基金中排第3位,十年期间内规模为173.291亿元,兴全有机增长在同期149只灵活配置型基金中排第9位,十年期间内规模为24.110亿元,这些数据可以解释兴证全球为何能够位列榜首。排名第二的浦银安盛基金公司虽然旗下不同基金的排名情况差异较大,部分样本基金相对业绩并不理想,比如浦银安盛优化收益C在同期103只混合债券型二级基金中排名第96,但是该只基金规模仅为0.082亿元,而在77只货币市场型基金中排名第5的浦银安盛货币B规模高达143.193亿元,占浦银安盛同时期样本基金总规模的88.15%,即排名靠前的样本基金规模较大,这与信达澳银基金公司在五年期榜单中位列第一的原因相似,详细数据参见表5。

通过TIP Rating评价体系,投资者既可以了解各基金公司每一只样本基金产品在同期同类型基金产品中的收益排名情况,又可以观察到某一基金公司旗下所有样本基金在同类基金中的相对位置,从而对各基金公司的综合投资管理能力有更清晰直观的认识。通常我们认为,旗下大部分样本基金在同期同类基金中排名均相对靠前的基金公司,整体投资回报能力比较强;而对于旗下大部分样本基金在同类基金中排名靠后,或仅少数基金排名较前的基金公司,我们一般认为其整体投研实力不强,或者说投研实力的欠缺导致其只能在部分基金产品上取得较好的相对业绩。

通过在不同时间跨度上对排名结果进行观察,我们发现部分基金公司短、中、长期的排名变化波动较小,说明其整体投研能力比较稳定。但有些基金公司的整体投研水平随时间出现较大波动,在短、中、长期的榜单中排名变化较大。

在后续的研究中,我们将对不同投资类型的基金产品进行更加细致的分类,对各细分类型的基金产品进行业绩分析将有助于广大基金投资者或基金管理者更加清晰地了解我国公募基金的投资能力与行业概况。希望 TIP Rating 体系的评价方法与评级榜单能够为广大基金投资者了解,并对其作出科学理性的基金投资选择、实现财富的保值增值有所帮助。